宮 本 幸 平 著

公正価値会計情報の有用性

東 京 森 山 書 店 発 行

ま　え　が　き

　平成24年に発足した安倍内閣は，金融緩和と財政出動により構成される"ア
ベノミクス"を大々的に展開し，デフレ脱却，雇用拡大を一気に進めていった。
それまでの政府および政策担当者は，急激に進んだ円高に十分な対処ができ
ず，その結果わが国の経済は混迷を極めていた。いわゆる"失われた20年"が，
ピークを迎えていたのである。

　そして，こうした20年の間に，金融経済を支える重要な社会制度の一つで
ある企業会計制度は，大きな転換期を迎えた。金融商品や事業用資産に対する
公正価値評価への制度の変化が，欧米を中心に世界各地に広がっていたのであ
る。

　他方わが国では，こうした世界の潮流に反し，歴史的原価主義を固持する
姿勢が，財界や学術界など広範囲において貫かれた。そもそも公正価値会計
は，製造業が衰退しかつ金融業が偏向的に栄えた英国の会計観が多く盛り込ま
れたとも言われている。そこにおいては，運用される金融資産の"含み損益"，
あるいは投下資本から転化した事業用資産の"将来キャッシュ・フロー"の価
額計算が重視される。これに対しわが国では，旧来より"ものづくり"を尊重
する文化・気質が維持されているため，"努力とこれに対する成果"の計算が，
会計の眼目となり得ている。

　しかしながら，金融商品の多様化と相まって，ハイリスク・ハイリターンと
なる取引がわが国でも増加したため，決算時における"含み損益"が看過でき
ないものとなった。本業ではない余剰資金運用活動の業績につき，隠さずに表
示・開示した方が，資金提供者の意思決定に有効となる可能性が高まったので
る。

　また，投下された資本が転化した事業用資産については，経済学的に見れば，

そこにおいて"使用価値"が内在している。原価会計のもとでは，当該価値の減耗分を，減価償却によって期間配分する。しかし現実には，減価償却費を大きく上回る減耗が十分に起こり得る。そこで，経営活動の基盤となる事業用資産に対しては，使用価値の"経済的実質"を隠さずに表示・開示した方が，資金提供者の意思決定に有効となる可能性が高まるはずである。

　以上のような問題意識のもとで，本研究は，原価会計情報に対する公正価値会計情報の有用性・優位性を明らかにすることを目途としている。公正価値会計制度は，欧米諸国で導入された社会制度が，言わば"黒船"的に，わが国にもたらされた経緯があり，商慣習や文化に照らせば，多くの点でそぐわない代物とも言える。しかし，それを制度として適用することが海外の趨勢に即するのであれば，その利点に目を向け，内実を科学的に分析し，しかるのち整合的に適用して行くことが，これまでわが国が採ってきた制度確立の手法に合致すると確信する次第である。

　筆者における日頃の研究活動は，月に一度，京都大学で開催される「制度派会計学ワークショップ」を基軸として進められている。

　藤井秀樹京都大学教授には，同ワークショップをはじめ，学会，審議会などで，公私にわたってご指導を仰いている。そして，企業，非営利法人，および政府の会計理論・制度について，深遠な啓示・教示を頂戴している。紙上にて大変不躾であるが，厚く御礼を申し上げたい。

　本書の出版にあたっては，神戸学院大学経営学会より，資金面で多大なご支援を頂いた。経営学部の教員各位に対しても，改めて御礼を申し上げたい。

　最後に，本書の出版を快諾頂いた，森山書店社長菅田直文氏をはじめ，社員の皆様に対して，こころより御礼を申し上げたい。

　2020年2月22日

宮　本　幸　平

目　　次

第1章　研究の課題と方法 ……………………………………………………… *1*

　1．研 究 の 課 題 ………………………………………………………………… *1*

　2．本研究の方法 ………………………………………………………………… *3*

　　2．1　「目的論的関連」の観点による社会制度の問題点の顕現化 …………… *4*

　　　2．1．1　社会科学における「目的論的関連」の観点 ………………… *4*

　　　2．1．2　「目的論的関連」観点による会計制度の問題顕現化 ……… *5*

　　2．2　目標仮説の設定と規範演繹的研究 ……………………………………… *6*

　　2．3　「比較制度分析」による会計制度変化の要因分析 …………………… *7*

　3．本研究の構成 ………………………………………………………………… *10*

第2章　公正価値会計制度に内在する問題点の顕現化 ………………… *13*

　1．はじめに―本章の考察目的― ……………………………………………… *13*

　2．公正価値会計制度の問題点を
　　顕現化させるための社会科学的研究方法 ………………………………… *14*

　3．公正価値会計制度の「目的」と「手段」の明確化 …………………… *16*

　　3．1　「実現可能性」概念に含まれている公正価値会計の
　　　　「目的」と「手段」……………………………………………………… *16*

　　3．2　「現在の市場収益率を獲得する能力」概念に含まれている
　　　　公正価値会計の「目的」と「手段」…………………………………… *18*

　　3．3　「投資のリスクからの解放」概念に含まれている
　　　　公正価値会計の「目的」と「手段」…………………………………… *20*

　4．「目的論的関連」観点による公正価値会計制度の
　　「社会的必要性」の特定 …………………………………………………… *22*

　5．「社会的必要性」の未充足から提起される
　　公正価値会計制度の問題点 ………………………………………………… *25*

　　5.1　「信頼性」排除の問題 ··· 25

　　5.2　異なる2つの資本維持概念が計算書に並立する問題 ····················· 26

　6.　得られた結論—制度に内在する問題点の顕現化— ····························· 28

第3章　公正価値会計制度の問題点考察のための

　　　　「目標仮説」設定 ··· 31

　1.　はじめに—本章の考察目的— ··· 31

　2.　制度に内在する問題点考察の社会科学的方法 ································· 32

　3.　公正価値評価に係る会計基準 ··· 33

　　3.1　わが国におけるオプション取引の会計基準 ································· 34

　　3.1.1　「企業会計基準第10号」公表以前の評価基準 ························· 34

　　3.1.2　「企業会計基準第10号」における

　　　　　オプション取引の会計処理 ··· 34

　　3.2　会計基準における「公正価値ヒエラルキー」の規定 ····················· 35

　　3.2.1　FASBにおける「公正価値ヒエラルキー」の規定 ···················· 35

　　3.2.2　ASBJにおける「公正価値ヒエラルキー」の規定 ···················· 36

　4.　低ヒエラルキーのインプットによる公正価値評価額の

　　　「信頼性」欠如の問題 ··· 37

　　4.1　低ヒエラルキーのインプットによる公正価値評価額の

　　　　　「信頼性」欠如 ··· 37

　　4.2　「公正価値ヒエラルキー」による「検証可能性」欠如の補完 ············· 39

　5.　得られた結論—本研究の「目標仮説」の設定— ······························ 42

第3章 補論　ヒエラルキーのレベルが低いインプットを

　　　　　　用いる測定値の「信頼性」の問題 ····································· 45

　補論A　ブラック・ショールズ・モデルを用いた

　　　　測定値の「信頼性」の問題 ··· 45

　　ブラック・ショールズ・モデルによるオプション価格の測定 ·················· 45

「ボラティリティ・スマイル」の存在による測定値の「信頼性」低下 ……………… *48*

将来株価分布を対数正規分布と仮定したことによる

測定値の「信頼性」低下 ……………………………………………………………… *50*

ブラック・ショールズ・モデルを用いて計算される

測定値の「信頼性」の限界 ………………………………………………………… *51*

補論B　二項モデルを用いた測定値の「信頼性」の問題 ……………………… *53*

二項モデルを用いたオプション評価のプロセス ……………………………… *53*

二項モデルによるオプション価格の計算例 …………………………………… *55*

二項モデルの「変量コントロール法」によるオプション価格の計算 ………… *56*

二項モデルによるオプション評価の限界 ……………………………………… *57*

第4章　「比較制度分析」による公正価値会計への

　　　　制度変化の要因分析 ………………………………………………… *59*

1．はじめに─本章の考察目的─ …………………………………………………… *59*

2．会計制度の変化の分析ツールとして

　「比較制度分析」を援用する意義 ……………………………………………… *60*

　2．1　「比較制度分析」における経済システムの観方 ……………………… *60*

　2．1．1　経済システムを「制度の集積」と捉える観方 ……………………… *60*

　2．1．2　経済システムに「安定性」と「変容性」が内在するという

　　　　　観方 ……………………………………………………………………… *61*

　2．2　会計制度の変化の分析に「比較制度分析」を用いる意義 ……………… *63*

3．「比較制度分析」で明らかとなる制度の形成と

　変化の基本メカニズム ………………………………………………………… *65*

4．公正価値会計への制度変化のメカニズム ……………………………………… *67*

　4．1　「公正価値会計選好者の拡大」による制度変化 ……………………… *68*

　4．2　「政府の介入」による制度変化 ………………………………………… *69*

　4．3　「公正価値会計が定着した社会との交流」による制度変化 …………… *69*

5．おわりに─本章のまとめと次章以降への展開─ ……………………………… *73*

4

第5章　ゲーム理論による公正価値会計情報の
　　　　有用性分析 ·· *75*

　1．はじめに―本章の考察目的― ··· *75*

　2．公正価値会計の相対的有用性検証にゲーム理論を
　　　援用する意義 ··· *76*

　　2．1　公正価値会計の優位性検証に「ゲーム理論」を援用する意義 ············ *76*

　　2．2　「ゲーム理論」による公正価値会計の優位性の基本的分析 ············· *78*

　3．公正価値会計情報を是認する社会的インセンティブ ················· *80*

　　3．1　利益操作による企業の資金獲得 ··· *80*

　　3．2　利益操作コストが大きい場合の投資家の出資停止 ····························· *83*

　　3．3　小括―利益操作是認の社会均衡と制度化― ····························· *85*

　4．出資意思決定に慎重さが要求されるケースにおける
　　　公正価値会計情報の有用性 ··· *87*

　　4．1　企業の利益操作による融資獲得のゲーム・ルール ················· *87*

　　4．2　融資獲得ゲームの均衡点 ··· *89*

　5．公正価値評価により含み損が出るケースにおける
　　　会計情報の有用性分析 ··· *92*

　　5．1　ゲーム・モデルの設定 ··· *92*

　　5．2　公正価値会計情報の開示による「企業」の利得増加の
　　　　　メカニズム ··· *94*

　　5．3　公正価値会計情報の開示による「資金提供者」の
　　　　　利得増加のメカニズム ··· *96*

　6．おわりに―考察の結論― ··· *96*

第6章　情報の「事前の非対称性」の存在に対する
　　　　公正価値会計情報の有用性 ··· *99*

　1．はじめに―本章の考察目的― ··· *99*

　2．情報の「事前の非対称性」が存在する場合に生じる

資金提供者利得の減少メカニズム ………………………………… *100*

　2.1　情報の「事前の非対称性」が存在するケースのモデル設定 ………… *100*

　2.2　情報の「事前の非対称性」が存在するケースにおける

　　　　社会的非効率の発生 ………………………………………………… *103*

3.　企業が公正価値会計情報を開示するインセンティブの存在 …………… *105*

4.　金融商品会計情報の特質と情報の「事前の非対称性」

　　緩和化の可能性 ………………………………………………………… *108*

　4.1　金融商品取引において測定される公正価値会計情報の特質 ………… *109*

　　4.1.1　金融商品会計制度における公正価値評価導入の経緯 ………… *109*

　　4.1.2　金融商品の公正価値評価における「公正価値ヒエラルキー」

　　　　　　の規定 ……………………………………………………………… *109*

　　4.1.3　「デリバティブ取引」を測定する

　　　　　　ブラック・ショールズ・モデルの特質 ……………………………… *110*

　4.2　金融商品会計情報における情報の「事前の非対称性」緩和の

　　　　可能性 ………………………………………………………………… *111*

　　4.2.1　BSモデルの前提と限界 ………………………………………… *111*

　　4.2.2　金融商品会計情報による非対称性緩和の可能性 ……………… *111*

5.　おわりに―考察の結論― ……………………………………………… *113*

第6章 補論　わが国の銀行における

　　　　　　事前モニタリングの退化とその必要性 ………………… *115*

わが国の銀行で事前モニタリングが退化した理由 ……………………… *115*

現在のわが国における事前モニタリングの必要性 ……………………… *117*

第7章　情報の「事後の非対称性」の存在に対する

　　　　公正価値会計情報の有用性 ………………………………… *119*

1.　はじめに―本章の考察目的― ………………………………………… *119*

2.　情報の「事後の非対称性」の存在により生じる利得減少の

　　　　メカニズム ·· *120*

　　2.1　情報の「事後の非対称性」の存在によるプリンシパルの

　　　　利得減少 ·· *120*

　　2.2　情報の「事後の非対称性」が僅少な場合のプリンシパルの

　　　　利得増加 ·· *125*

　3.　情報の「事後の非対称性」を緩和する公正価値会計情報 ········· *126*

　　3.1　企業モニタリングにおける「フランチャイズ・バリュー」査定

　　　　の意義 ·· *126*

　　3.2　「フランチャイズ・バリュー」の査定に有用となる

　　　　公正価値会計情報 ·· *128*

　4.　情報の「事後の非対称性」を緩和する減損会計情報 ············· *130*

　　4.1　減損会計情報における「信頼性」欠如の有無 ·············· *130*

　　4.2　「フランチャイズ・バリュー」の査定における減損損失の

　　　　戻入処理の有用性 ·· *131*

　5.　おわりに—考察の結論— ··· *132*

第7章 補論　モラル・ハザードのメカニズム ·························· *135*

第8章　ヘッジ会計制度における

　　　　公正価値会計情報の有用性 ·································· *139*

　1.　はじめに—本章の考察目的— ······································ *139*

　2.　繰延ヘッジ会計の特質と内在する理論的問題点 ················· *140*

　　2.1　ヘッジ会計制度の概要 ··· *141*

　　2.2　繰延ヘッジ会計の特質と内在する問題点 ·················· *142*

　3.　繰延ヘッジ会計制度が確立した要因の分析 ······················ *143*

　　3.1　二つの社会の交流による制度変化のメカニズム ············ *143*

　　3.2　わが国で公正価値ヘッジ会計へと制度変化しなかった事由 ··········· *146*

　4.　ヘッジ会計における公正価値ヘッジの有用性 ···················· *147*

　　4．1　公正価値ヘッジ会計に内在する問題点 ……………………… 147

　　4．2　公正価値ヘッジ情報の繰延ヘッジ情報に対する有用性 ……… 148

　　　　4．2．1　情報の「事前の非対称性」の緩和化の意義 ………… 148

　　　　4．2．2　情報の「事前の非対称性」が生じるメカニズム ……… 149

　　　　4．2．3　繰延ヘッジに対する公正価値ヘッジの有用性 ……… 150

　5．おわりに―考察の結論― ……………………………………………… 151

第9章　非営利法人会計における
　　　　公正価値会計情報の有用性の考察 ………………………… 153

　1．はじめに―本章の考察目的― ………………………………………… 153

　2．非営利法人会計の「基本目的」と公正価値評価の「基準」………… 154

　　2．1　非営利法人会計の「基本目的」………………………………… 154

　　2．2　公益法人会計基準における公正価値評価の規定 …………… 155

　3．わが国の非営利法人会計における公正価値評価導入の問題点 ……… 156

　4．「比較制度分析」による公正価値会計導入の要因分析 ……………… 157

　　4．1　「比較制度分析」のモデル設定 ………………………………… 158

　　4．2　公正価値会計情報の開示による非営利法人の利得増加の
　　　　　メカニズム …………………………………………………… 160

　5．非営利法人会計における公正価値会計情報の有用性の所在 ……… 161

　　5．1　未実現利益の認識による「信頼性」後退の問題 …………… 161

　　5．2　財務的生存力の査定における公正価値会計情報の有用性 …… 162

　　　　5．2．1　財務的生存力の査定における金融商品の公正価値会計情報の
　　　　　　　　有用性 ………………………………………………… 162

　　　　5．2．2　財務的生存力の査定における減損会計情報の有用性 …… 163

　　　　5．2．3　小　　　括 ………………………………………………… 164

　6．おわりに―考察の結論― ……………………………………………… 165

第10章　研　究　の　結　論 ………………………………………… 167

第2章の考察結論 ……………………………………………… 168

第3章の考察結論 ……………………………………………… 168

第4章の考察結論 ……………………………………………… 169

第5章の考察結論 ……………………………………………… 169

第6章の考察結論 ……………………………………………… 170

第7章の考察結論 ……………………………………………… 171

第8章の考察結論 ……………………………………………… 172

第9章の考察結論 ……………………………………………… 172

本 研 究 の 結 論 ……………………………………………… 173

参 考 文 献 ……………………………………………………… 175
索　　　引 ……………………………………………………… 179

第1章　研究の課題と方法

1．研　究　の　課　題

　本研究は，欧米などの諸外国やわが国において，近年に原価会計から公正価値会計へと一部制度が変化した要因，および原価会計との比較における公正価値会計の情報の有用性・優位性につき，経済学の分析ツールである「比較制度分析」（comparative institutional analysis）を援用して明らかにすることを主たる目的とする。

　基準設定機関が設定する会計基準につき，これまで，大小を含めた変化が繰り返されている。近年における当該変化のなかで特筆すべきものとして，純利益を業績報告から排除して包括利益で代替させようとする，IASBの動きを挙げることができる（藤井［2007］，4頁）。それまでの会計制度において最も重要な測定値であった純利益が，別の利益に取って代わられるという，エポックメイキングな事態が実際に起こったわけである。

　そしてわが国でも，包括利益重視への変化の波が，社会経済システムに影響を与えている。とくに，取引量の増大が顕著となった金融（派生）商品において，その他の包括利益を認識する制度が確立されたことから，当該商品の公正価値評価の問題が，これまでにも増して議論されている（石川［2000］，59頁）。

　こうした，公正価値評価に係る会計基準につき，具体的に見ていくと，財務会計基準審議会（以下，FASB）では，2006年にSFAS第157号「公正価値測

定」が公表され，国際会計基準審議会（以下，IASB）は，2011年にIFRS第13号「公正価値測定」を公表している。また，わが国の企業会計基準委員会（以下，ASBJ）でも，平成20年に企業会計基準第10号「金融商品に関する会計基準」（最終改正）において，公正価値の概念が定義され，当該測定に対する実務への指針が示されている。

　さらに，固定資産の公正価値評価についても，IASBやFASBで議論され，わが国の会計制度は，これらの影響を受けて来た。そして平成14年8月，ASBJによって，「固定資産の減損に係る会計基準」および「固定資産の減損に係る会計基準注解」が公表され，平成15年10月には，「固定資産の減損に係る会計基準の適用指針」が公表されている。これにより，固定資産に対する公正価値評価と減損損失の計上が，会計実務として新たに採り入れられた。

　この様にわが国では，諸外国に倣って，公正価値会計を経済社会に順次適用していった。ところが意外な事実として，制度化前後の時期における会計学の実証研究では，包括利益よりも純利益の方が，相対的に高い情報価値を有しているとされていた（藤井［2007］，4頁）。かかる状況から明らかとなるのは，情報価値の点で比較劣位にある包括利益に一元化しようとする基準設定機関の方針が，市場の事実と相関したものではないという矛盾の顕在化である[1]。

　そして，この様な矛盾の存在は，「現実の基準設定がいかなる要因に導かれて進められているのか」という考察課題を明確化することになる（同上，4頁）。即ち，社会規範に特定の矛盾が存在するにもかかわらず，それを内包した事態が許容された背景には，そのような帰結へと突き動かす，何らかの要因が存在したはずである。そこで，包括利益一元化へと制度が変化している要因が明らかにされれば，公正価値会計情報の有用性（あるいは非有用性），および原価会計に対する優位性（あるいは劣位性）を，あらためて確認することができる。

　こうして，会計学研究が力点を置くべき一つの事項が確認できるのであるが，従前の当該研究においては，利益計算構造の概念的整合性，およびその学説史的背景を理論分析的に追求する方法が，伝統的に採用されて来た経緯がある[2]。具体的に言えば，特定の会計観に依拠して設定された概念と，これを演繹

して基準化された利益計算構造との整合性をチェック・分析するという研究メソッドである。

　しかしながら，伝統的アプローチに依拠した会計学研究によっては，純利益と包括利益のいずれが社会において有用な役割を果たすかを明らかにすることに限界がある。当該研究においては，前提となる理論，概念，および基準などから，演繹的に結論が導出される。そのため，かりに資産負債アプローチを前提にすれば，必然的に，これと整合する収益として，包括利益が措定されることになる。

　したがって，純利益と包括利益の有用性の優劣を明確にするには，会計制度の変化プロセスそれ自体に焦点を当てた分析を可能とする，別仕立ての研究方法を用意することが，避けて通れない課題となる（同上，5頁）。いかなる要因により制度が変化したかを解明することにより，それまでに施行されていた制度の問題点が顕現化するとともに，新たな制度に内在する課題を把握することも可能となる。これにより，移行後の制度の妥当性の検証が達成され，さらには，社会にとって一層適正な制度の構築へ向けた指針を示すことができるのである。

2．本 研 究 の 方 法

　以上に述べた問題意識のもとで，本研究は，如何なる理由で原価会計から公正価値会計へと制度が変化したかを分析するとともに，原価会計制度に対する公正価値会計制度の優位性有無を検証して行く。社会において，重大な制度変更が行われる場合には，それまで存在した社会的問題の改善が企図されている。そこにおいては，新たな課題が生じることをなかば承知のうえで，なおも旧制度の問題解消のため改正・変更に踏み切った事由が存在する。そこで，公正価値会計（包括利益の表示）への制度変化の要因を明らかにすることで，原価会計（純利益の表示）に内在する問題の本質が確認され，ひいては，新・旧制度の優位性如何を明確にすることに繋がる。本節以下では，社会制度の問題点を

顕現化する手法である「目的論的関連」観点による考察 (第1項)，問題点に対する結論導出の手法である「目標仮説の設定と規範演繹的研究」の実施 (第2項)，および社会制度の変化要因を分析して明らかにする「比較制度分析」の実施 (第3項) につき，各々の内容を説明する。

２．１　「目的論的関連」の観点による社会制度の問題点の顕現化
２．１．１　社会科学における「目的論的関連」の観点

　まず，社会制度に内在する問題点を顕現化する機能を持つ社会科学研究の方法につき説明する。

　大塚 [1966] によれば (本項以下における，大塚 [1966] からの引用については，文中のカッコ書きによって出典頁を示す)，元来人間は，自由な意思を持っており，その行動を合理的にとらえて予測することは原理的に至難といえる (39頁)。そこで，自然科学のような現象の「因果関連」，即ち「原因－結果」の関係を追求することは，極めて限られた範囲内においてのみ達成可能であり，これが社会科学の限界的特性と考えることができる (40頁)。

　そのため，そこにおいて成立し得るのは，人間が目的を設定し，そのための手段を選択しつつ行動するという「目的論的関連」，即ち「目的－手段」の関係である (39頁)。

　「目的論的関連」の追及は，「原因－結果」の関連をたどっていく「因果関連」の追求とは，相互に本質的な関わりあいを持ちながらも，それ自体は別のものと捉えるべきといえる (59頁)。社会現象に対し，たとえいくら「目的論的関連」を追及しても，自然科学が「科学」(science)であるという意味においては，社会科学に対する科学的認識は成り立たないと判断されるのである (59頁)。

　そして，このような現実状態のもと，大塚 [1966] においては，「目的論的関連」を含んで成立している社会現象に対し，因果性の内在が科学的認知でき得る方法として，「目的論的関連の因果関連への組替え」の利用を提示する。既述のように自然科学研究においては，普遍的に妥当な法則を追求するという認識方法によって得られた法則的知識を援用しながら，個性的な因果関連を明らか

にしていこうとする (61頁)。これに対し社会科学は，自然科学のような外面的経験によって得られた規則性および法則的知識に加え，「動機の意味理解」という手続を採ることで，「因果関連」の成立を可能とならしめる (62頁)。人間の営みは，どういった理由でそういう行動をするのか，その動機の持つ意味が把握が可能であることから，経験的規則性に頼るよりも，当該動機を「原因」と見なして，将来の「結果」を予測するのである (62頁)。

　こうして，「動機の意味理解」が達成できた場合には，社会科学研究によっても，自然科学研究と同等のレベルの「科学」性を獲得することが可能となる (63頁)。さらに言えば，人間意志の自由度が本来的に高いということは，人間が合理的に行動しやすいことを意味するため，主観が学問的に解明しやすい対象となり，因果関連がたどりやすくなる (63頁)。したがって，「目的論的関連」につき，人間諸個人の行動に強く作用する関連とみて，それを客観的な因果関連のなかに移しかえれば，因果性の範疇を用いて社会現象を対象的にとらえていくことが可能となる (42頁)。

2．1．2 「目的論的関連」観点による会計制度の問題顕現化

　以上の論考につき，これを会計学研究に引き寄せて言えば，会計に対する何らかの「目的」があらかじめ設定され，これを達成する「手段」として，特定の認識・測定基準，および表示基準が制度として設定されることで，「目的論的関連」が成立することになる。

　さらに，「動機の意味理解」の手続について見れば，会計における特定の「目的」とこれに対する「手段」の関係がまず把握され，当該関係確立に導いた人間の内面動機を明らかにできれば，科学性を具備した「因果関連」を見出すことが可能となる。例えば，概念フレームワークで規定された会計の「目的」に対して会計基準で設定された「手段」が，社会メンバーに共通の内面動機から常時生まれると確証が得られれば，「動機の意味理解」が達成されることになる。これによって，会計制度の「目的－手段」の関係は，「原因－結果」の関係，即ち「因果関連」として捉えることができるのである。

　そして，以上の様な「目的論的関連」の観点を分析した会計学の研究として，

藤井 [2010] を挙げることができる (本項以下において，藤井 [2010] からの引用については文中のカッコ書きによって出典頁を示す)。

　藤井 [2010] によれば，社会において，人間諸個人の行動の本質が，「目的」を設定しこれを達成するための「手段」の選択にあるため，特定の制度に内在する「目的論的関連」を考察対象にすることが意義のあるものとなる[3]。そして，制度における「目的」の設定に着目すれば，それは社会における何らかの必要性，即ち「社会的必要性」に基づいて行われるものであるため，「目的論的関連」が，制度設計における必要性の視点を提供する概念となり得る (24頁)。

　したがって，「目的論的関連」の観点から会計制度を分析すれば，「目的」達成の「手段」としての会計制度において内在する「社会的必要性」が明らかにされ，当該ニーズの未達成に起因して生じる問題を明らかにすることが可能となる (24頁)。そこで会計学研究においては，「手段」としての認識・測定・表示基準の，ニーズ達成度合を分析することにより，問題点の所在を顕現化することができる。

　さらには，特定の「社会的必要性」が，多くの社会メンバーに共通なものであれば，当該未充足が，新たな制度を設定する「動機」となり得る。この場合には，「動機の意味理解」の社会的手続が達成されることになり，「目的」と「手段」の関係につき，「因果関連」，即ち「原因」と「結果」の関係をもつまでに昇華させることが可能となる。「社会的必要性」の未充足部分が，多数のメンバーに対し効用をもたらすものであれば，当該ニーズを充足させるための「手段」が，強い動機のもとで行われることになる。そして，それが現実社会において施行されることになれば，そこに「因果関連」が生じる可能性が高まる。そしてそのことが確認できたとすれば，科学的根拠を包摂した，会計制度の問題点顕現化が図ることができる。

2．2　目標仮説の設定と規範演繹的研究

　以上のように，「目的論的関連」(「目的−手段」の関係) の観点によれば，会計制度に内在する問題点を明らかにすることができる。この問題に対し，会計学

研究においては,「当為」(いかにあるべきか)と当該根拠の提示がしばしば重視
され, これらの正当性を示すには,「目標仮説」の設定が有効な手段となる (徳
賀 [2012a], 1頁)。そして当該仮説をもとに, 経験に頼らず特定の理論から演繹
的な推論のみで論理的に必然的な結論に到達しようとする「規範演繹的研究」
と, 目標仮説と帰納的に観察された事実との乖離の大きさを指摘してその解決
策を提示する「規範帰納的研究」のいずれかによって, 会計の普遍的な説明を
達成することが可能となる (徳賀 [2012b], 144頁)[4]。

　本考察においては, 主たる目的が, 原価会計に対する公正価値会計の優位性
有無を検証することである。当該検証のためには, まず, 国内外で既に規制・
施行されている, 公正価値会計の概念および基準の分析が必要である。した
がって, 前提となる諸規定から個別的結論を導出する研究方法である「規範演
繹的研究」が, 取り得る方法の一つになる。

　そして上記によれば,「当為」とその根拠の正当性を示すために,「目標仮説」
を設定することが有効手段となる。そのため「目標仮説」の内実は,「当為」と
その論拠が妥当であることを端的に表現した命題となり得ている。他方で, 問
題点に対する「当為」とその根拠を明確化することで, 妥当性が一層高い「規
範」(あるべき状況) が成立し得る。したがって, 問題点に対する「目標仮説」と
「規範」とは, その内容を同質化することが可能となる。こうして,「規範」と
しての「目標仮説」の正当性について演繹的考察を行うことによって「規範演
繹的研究」が成立し, そこから必然的結論を得ることができる。そして,「目標
仮説」が妥当であると結論付けられれば,「当為」の正当性が示されたことにな
るのである (同上, 2頁)。

2．3　「比較制度分析」による会計制度変化の要因分析

　また, 本考察のもう一つの目的である「制度変化の要因分析」を可能とする
研究方法につき, 藤井 [2007] では,「比較制度分析」によるアプローチが提唱さ
れている。

　比較制度分析とは, 経済システムをさまざまな「制度」の集まりと考えるこ

とで，資本主義経済システムの多様性とダイナミズムを分析しようとする経済学の分野である（青木・奥野編 [1996]，1頁）。そこでは，経済社会の特質を，①どのような「制度」の配置がその内部に成立しているかによってさまざまな資本主義経済システムが存在しうること（資本主義経済システムの多様性），②一つの「制度」が安定的な仕組みとして存在するのは特定の行動パターンが普遍的になればなる程それを選ぶことが戦略的に有利になるからであること（制度の戦略的補完性）と考える（同上，2頁）。

　こうした特質を持つ社会では，各経済主体が，帰属する領域の初期状態や発展の歴史的経路に制約されながら効用最大化するべく日々行動する（藤井 [2007]，7頁）。そして主体間の相互作用を通じてルールが形成されて，最終的に「制度」として結晶化していくことになる（同上，8頁）。

　さらに「比較制度分析」では，ルールの自生的性質が重視され，これと関連させて「自己拘束性」と「頑健性」の分析が行われる（同上，8頁）。「自己拘束性」とは，自分たちが自生的に作り上げたルールに拘束された行動を選択するインセンティブを持つことであり，かつ，この性質に起因して「制度」の「頑健性」がもたらされる（同上，8頁）。即ち，「自己拘束性」の存在のもとで形成されたルールが，「戦略的補完性」の作用によって「頑健性」を持ち，「制度」へと結実していくわけである。

　したがって，「比較制度分析」により，特定ルールの「自己拘束性」およびこれに対する「戦略的補完性」の作用の内実を分析することにより，制度形成（制度変化を含む）の要因を明らかにすることができる。さらに，変化した「制度」の「頑健性」の度合を分析することにより，その妥当性を明らかにすることが可能となる。

　以上に述べられた，「比較制度分析」による制度変化研究のプロセスをまとめると，図1のような概要図を示すことができる。

　そこで，わが国における原価計算制度（純利益を表示）から公正価値会計制度（包括利益を表示）への変化につき，これは資本主義経済システムのダイナミズムによってもたらされたものと考えることができるため，「比較制度分析」を

図1　「比較制度分析」による制度変化研究のプロセス

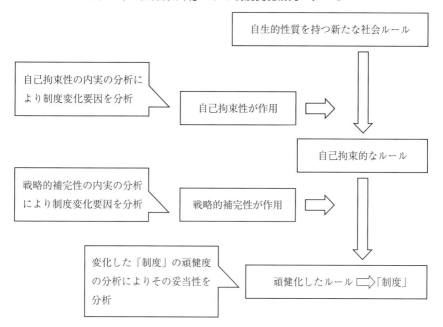

出所：藤井［2007］，7-8頁に基づいて作成。

援用した考察が有効になると考えられる。即ち，会計の「制度」が変化する要因については，わが国の経済社会に内在する「自己拘束性」および「戦略的補完性」の内実を分析することで，明らかにできる。自生的に作り上げたルールに拘束された行動を選択するインセンティブは何であるか，当該行動が普遍的になればどのような点で戦略的に有利になるのかを「比較制度分析」で分析すれば，公正価値会計へと制度が変化の要因が明らかになる。

　また，原価会計制度に対する公正価値会計制度の優位性については，頑健性の状態を分析することにより明らかにできる。頑健性が強ければ，社会における当該「制度」の定着度が強いと考えることができ，原価会計よりも優位であると結論付けることが可能である。具体的には，「比較制度分析」において設定された分析モデルが妥当なもので，かつ現実との乖離度が低いのであれば，そこで示された要因によって定着したとされる公正価値会計制度には強い頑健性

が具備され，原価会計よりも優位であると判断できるのである。

3．本 研 究 の 構 成

　以上のように本研究は，原価会計から公正価値会計へと制度が変化した要因の分析と，原価会計制度に対する公正価値会計制度の優位性有無の考察を行い，結論を導出することが目的である。

　まず第2章では，「目的論的関連」の観点から，公正価値会計制度に内在する問題点を顕現化する。そして第3章で「目標仮説」を設定し，その後の各章（第5章から第7章）で，これに対する「規範演繹的研究」を行う。そして，必然的結論としての，公正価値会計制度の優位性有無の結論が導き出される。

　いま少し具体的に言うと，第2章で顕現化された公正価値会計制度の問題点を斟酌・勘案しつつ，第3章で，原価会計制度に対する公正価値会計制度の優位性有無を検証するための「目標仮説」が措定される。しかる後，「比較制度分析」を援用した，「目標仮説」に対する「規範演繹的研究」を行い，公正価値会計制度の優位性の検証と結論導出が行われる。第5章では「ゲーム理論」，第6章では資金提供前の情報の非対称性の存在を前提とする「契約理論」，第7章では資金提供後の情報の非対称性の存在を前提とする「契約理論」を分析ツールとする[5]。またこれに先立ち，第4章では，「比較制度分析」の先行研究を援用し，原価会計から公正価値会計へと制度が変化した要因が分析される。その結果が，第5章から第7章の考察において参酌される。

　本研究ではさらに，第8章において，公正価値会計制度の特殊規定とされる「ヘッジ会計」のもとで測定・表示される情報につき，原価会計に対する優位性の有無を，「比較制度分析」によって検証する。そこにおいても，「目標仮説」に対する「規範演繹的考察」により，優位性の有無が分析される。

　最後に第9章では，それまでに考察された企業会計と別の制度的枠組みで運営される非営利法人会計において，公正価値会計制度が原価会計制度と比べて有用となるかについて，「比較制度分析」を援用した考察が行われる。

図2　本研究の構成 (考察の流れ)

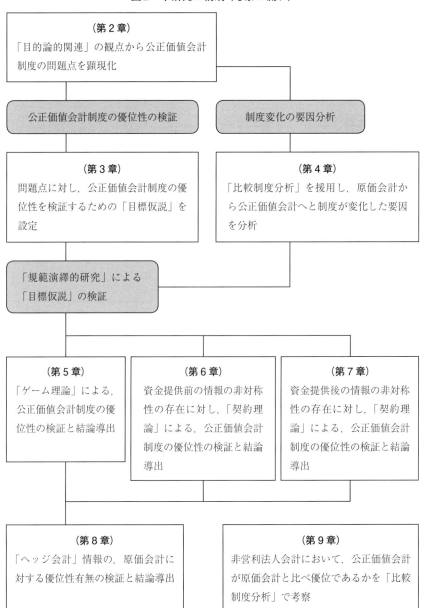

（第2章）
「目的論的関連」の観点から公正価値会計制度の問題点を顕現化

公正価値会計制度の優位性の検証

制度変化の要因分析

（第3章）
問題点に対し，公正価値会計制度の優位性を検証するための「目標仮説」を設定

（第4章）
「比較制度分析」を援用し，原価会計から公正価値会計へと制度が変化した要因を分析

「規範演繹的研究」による「目標仮説」の検証

（第5章）
「ゲーム理論」による，公正価値会計制度の優位性の検証と結論導出

（第6章）
資金提供前の情報の非対称性の存在に対し，「契約理論」による，公正価値会計制度の優位性の検証と結論導出

（第7章）
資金提供後の情報の非対称性の存在に対し，「契約理論」による，公正価値会計制度の優位性の検証と結論導出

（第8章）
「ヘッジ会計」情報の，原価会計に対する優位性有無の検証と結論導出

（第9章）
非営利法人会計において，公正価値会計が原価会計と比べ優位であるかを「比較制度分析」で考察

　以上で説明された，本研究の構成をまとめると，図2のとおりである。

注
1　藤井［2007］，4頁。社会経済活動のメインシステムである市場経済の変化と，そのサブシ
　ステムである会計の変化とが必ずしも相関関係にないことが，会計学研究の有効性を減衰
　させる要因となっている（同上，3頁）。
2　藤井［2016］において，海外の会計関連文献が調査され，「会計理論」の定義が抽出されてい
　る（藤井［2016］，138頁）。ここでサマリーされた会計理論とは，「ある現象の動態を分析し，
　予測し，説明するための仮定・原則・ルールの体系」（Schroeder, Clark and Cathy［2014］），
　あるいは「基準設定の基礎となる前提・定義・原則・概念，ならびにそれらの導出方法」
　（Wolk, Dodd and Rozycki［2012］）である。
3　藤井［2010］，24頁。そもそも会計とは，ある「目的」のもとに設計・構築されたシステ
　ムであり，それを達成するための「手段」として機能することが期待されている（藤井
　［2007］，75頁）。
4　「規範演繹的研究」においては，精度が高い演繹的推論が要求され，「規範帰納的研究」で
　は，事実の観察に対する科学性の具備が要件となる（德賀［2012a］，1頁）。
5　「ゲーム理論」および「契約理論」ともに「比較制度分析」のカテゴリーに属している（中
　林・石黒編［2010］，3頁）。

第2章　公正価値会計制度に内在する問題点の顕現化

1．はじめに ──本章の考察目的──

　第1章で説明されたとおり，本研究は，わが国の企業会計制度が，原価会計から公正価値会計へと変化して来た要因，および原価会計に対する公正価値会計の有用性の有無を，経済学で援用される研究方法である「比較制度分析」（comparative institutional analysis）によって明らかにすることを目的とする。

　そして本章では，国内外の会計基準設定機関が規定する，公正価値会計の概念フレームワークを概観・整理し，そこに伏在している問題点を，特定の社会科学的研究方法（第2節で説明）に依拠して顕現化させることを目的とする。

　本研究の考察対象である公正価値会計制度につき，財務会計基準審議会（Financial Accounting Standards Board; 以下FASB）は，2006年にSFAS第157号「公正価値測定」を公表し，国際会計基準審議会（International Accounting Standards Board; 以下IASB）は，2011年にIFRS第13号「公正価値測定」を示した。公正価値（fair value）の定義につき，SFAS第157号では「測定日における市場参加者間の秩序のある取引において，資産を売却して受け取るかまたは負債を移転して支払う価格」（FASB [2006]，par.5）と規定される[1]。

　他方，わが国の同制度については，企業会計基準委員会（以下，ASBJ）において，「固定資産の減損に係る会計基準」（平成14年），および「金融商品に関する会計基準」（平成20年）が公表され，このなかで，公正価値による測定に関する

規定が示されている。

　以上のような，会計ビッグ・バンとも呼ばれる会計制度の急激な変化につき，アメリカではこれを最重要論点と位置付け，学界や実務界など多方面において議論が行われている。とくにそこでは，原価と公正価値のいずれが優位であるかについて，信頼性と目的適合性のトレード・オフ関係に基づいて論じられた経緯があり，最終的には，公正価値が原価よりも目的適合的であると結論付けている（藤井 [2011], 29頁）。

　そして，制度形成のプロセスにおいては，特記すべき事項として，2010年に，FASBとIASBが共同で改訂概念フレームワークを作成・公表したことが挙げられる。そこで特に着目すべき点は，従前の「信頼性」（reliability）に換わって，「忠実な表現」（faithful representation）が，財務情報の質的特性として新たに位置付けられたことである。ただしこれについては，信頼性概念の後退措置に多くの反対意見も出されているため（FASB/IASB [2007], pars.56-57），引き続き議論が行われている。

　そこで以下の考察では，「信頼性」に代わって措定された「忠実な表現」概念から演繹された公正価値評価制度の基本規定を概観したうえで，そこに内在する問題点を明らかにする。まず第2節では，社会制度に伏在する問題点を明らかにするための具体的な科学的研究方法について説明する。そして当該方法に依拠しながら，第3節および第4節を通して，会計基準の設定機関である，FASB, IASCおよびASBJが規定した公正価値会計に係る概念に内包された問題点の顕現化を図っていく。

２．公正価値会計制度の問題点を顕現化させるための社会科学的研究方法

　以上のように本章では，公正価値会計制度に内在する問題点の顕現化が目途とされる。とくに，会計基準設定機関で作成された，会計制度を設計するうえでの基礎となる概念（concept）につき，そこに含まれている問題点を明らかにすることを主たる目的とする。まず本節では，社会制度の問題点を顕現化させ

るのに有効となる，特定の科学的研究方法について説明する。

　第1章でも説明されたように，「目的論的関連」の観点に依拠すれば，会計制度における「目的」と「手段」の関係を明らかにすることができる。藤井 [2010]によれば，規定された諸概念・基準，および監督機関を構成要素として社会に適用される会計制度については，「目的論的関連」の観点からの設計が，有効な方法となり得る（本項以下において，藤井 [2010] からの引用については文中のカッコ書きによって出典ページを示す）。

　社会に対する，人間諸個人の行動の本質は，「目的」を設定してこれを達成するための「手段」を選択することにあり，ここにおいては「目的－手段」の関係，即ち「目的論的関連」を見ることができる（24頁）。自然科学のような現象の「因果関連」，即ち「原因－結果」の関係を追求することは，極めて限られた範囲内においてのみ達成可能であるため，社会において成立し得るのは，人間が「目的」を設定し，そのための「手段」を選択しつつ行動するという「目的論的関連」である（大塚 [1966]，39-40頁）。

　そして，人々の「目的」の設定について見れば，それは社会における何らかの必要性，即ち「社会的必要性」に基づいて行われるものであるため，「目的論的関連」は，制度の設計における必要性の視点を提供する概念となり得る（24頁）。そこで，「目的論的関連」の観点から会計制度を見れば，「目的」達成の「手段」としての会計制度において含意されるべき「社会的必要性」が明らかにされ，そこへの未対応に起因して生じる問題点を明らかにすることが可能となる（24頁）。

　さらには，そこに内在する「社会的必要性」が，多くの社会メンバーにとって妥当であると判断されるのであれば，当該未充足が，制度措定の「動機」になると考えることができる。この場合には，「動機の意味理解」の社会的手続が達成されることになり，「目的－手段」の関係につき，これが「因果関連」，即ち「原因－結果」の関係をもつまでに昇華させることが可能となる（大塚 [1966]，62頁）。人間の営みは，どういった理由でそういう行動をするのか，その動機の持つ意味が把握可能であるために，経験的規則性に頼るよりも，当該動機を「原

因」と見なして，将来の「結果」を予測することが可能となるのである（同上，62頁）。

　そこで，会計制度において定立された「目的」とその「手段」が，特定の社会経済状況のなかで，社会メンバーに共通の内面動機から常に生まれることが確認できれば，「動機の意味理解」の社会的手続が達成されることになる。これによって，会計制度の「目的－手段」の関係は，「原因－結果」の関係，即ち「因果関連」として捉えることができる。そしてその存在が確認できたならば，科学的根拠を包摂した，会計制度の問題点顕現化を図ることができる。

3.　公正価値会計制度の「目的」と「手段」の明確化

　以上により，「目的論的関連」の観点，すなわち社会において「目的－手段」の関係を分析するという観点から，制度の「社会的必要性」が明らかにされ，当該未充足が問題点として提起され得ることを説明した。我々の経済社会において，会計の「目的」は，概念フレームワークにおいて直接に把握することができる。他方「手段」とは，「目的」を達成するための測定値の表示であると考えられる。そして，明確にした「目的－手段」の関係から，そこに内在する「社会的必要性」を特定するわけである。そこで本節では，まず，基準設定機関が公表する概念の規定を概観し，そこから制度の「目的」と，これを達成するための「手段」を明確にする。

3.1　「実現可能性」概念に含まれている公正価値会計の「目的」と「手段」

　周知のとおり，これまで国内外の会計制度においては，原価会計をその基礎としていた。そこでは，債権者保護を重視して分配可能利益計算が行われ，未実現収益は排除されていた。ところが，近年欧米を中心に，原価会計から公正価値会計へと制度が徐々に変化し，特定の未実現収益が認識・測定されるような会計基準が確立された。

　FASB概念書第7号では，公正価値について，「市場参加者が独立した当事者

間による現在の取引において，資産（または負債）の購入（または負担）または売却（または弁済）を行う場合の価値であり，その価値測定にあたっては見積もりおよび予測を用いる」と規定される（FASB［2000］, par.24-a）。またFASBは，一般般目的財務報告の「目的」につき，現在および将来の投資者，与信者，その他の債権者が，企業への資金提供に関する意思決定を行うのに有用な財務情報を提供することにあると規定する（FASB［2010］ch.1, par.OB2）。

　このような「目的」が新たな公正価値会計制度において示されたのは，経済社会における金融商品取引の急速な進展によって，投資家の意思決定に有用となる様な，実態およびリスクの開示に対する社会的要請が前面に出たことに起因するものである（石川［2008］, 33頁）。

　こうした視座により規定された公正価値会計の概念において，最も重要なものの一つが「実現可能性」概念である。FASB概念書第5号では，「収益および利得は，取得もしくは所有している資産が容易に既知の現金額または現金請求権に転換される時点で実現可能となる。容易に転換可能な資産は，価格に著しい影響を及ぼすことなく，当該企業が所有している資産を即時に吸収できる活発な市場において入手可能能な（i）互換可能（代替可能）単位および（ii）公定相場価格をもっている。」（FASB［1984］, par.83a）と規定されている。即ちFASBは，保有資産の換金が容易で，かつその価額が測定可能な場合に，実際に販売・売却していなくても，収益の実現が可能であると考える。

　さらに同概念書では，「製品又はその他の資産は，それがさほど努力をせず信頼できる確定可能な価格で売却できるという理由で，容易に実現可能である場合には（例えば，特定の農産物，貴金属および市場性のある有価証券），収益（中略）は，その生産の完了または当該資産の価格の変動の時点で認識される」（*ibid.,* par.84c）と規定される。そこでは，収穫基準に基づいて収益認識される農産物・貴金属と，市場性のある金融商品とが，それほど努力せずに売却できるため，「実現可能性」概念の適用が可能な資産と位置づけている。

　ここで，公正価値会計適用の主要な対象である金融商品の特質に着目すると，棚卸資産のような経済的実質があるものと異なり，その公正価値変動額に

ついては，伝統的な原価・実現主義の枠組みを適用して認識することができない（石川［2008］，36頁）。こうした制約のもとでは，従来の原価主義の枠組み（実現・発生・配分・対応）を基礎としながらも，それを拡張する必要が社会に生じたと考えることができる。

　この拡張につき，例えば，売買目的有価証券の期末市場価額を見れば，これと取得原価との差額を「事実上のキャッシュの獲得」と捉え，それをもって投資の成果が達成されたとみなすことになる（藤井［2017］，141頁）。即ちこれは，実現の2要件である対外取引と流動性受領が，市場における売買目的有価証券の値上がりという事象に依拠して擬制的に把握されたと考えるものである（同上，141頁）。こうして，「実現可能性」概念に拠ることで，利益稼得過程である商品の生産・販売，収入金額の信頼性，費用の測定可能性の要件は必要とされず，公正価値の変化からの利益認識が是認されることになる（石川［2000］，226頁）。

　したがって，「実現可能性」概念を支える理論基盤は，資産の外形的状態に基づく収益認識であり，これを実現の2要件に引き寄せて言えば，当該認識は，収益の処分可能性を相対的に重視するものといえる（藤井［2017］，218頁）。資産が既知の金額で容易に換金できる状態にある場合，当該概念は金融商品の公正価値評価額を収益認識する基準として機能することになる（同上，218頁）。

　以上より，FASBが規定する「実現可能性」概念に含まれる公正価値会計制度の「目的」とは，投資者・与信者・その他の債権者の資金提供に関する意思決定に有用な財務情報の提供であることが確認できる。そして，これを達成するための主たる「手段」とは，容易に換金できる状態にある資産に対する時価増減額の損益認識と，これを資金提供者に表示することである。

３．２　「現在の市場収益率を獲得する能力」概念に含まれている公正価値会計の「目的」と「手段」

　財務会計において，資本・利益の計算は特に重要であり，利益計算においては，その基準となる資本概念を最初に規定しておく必要がある（石川［2000］，

219頁）。そこで，公正価値会計の計算基礎とも言える資本概念を明らかにし，そこから演繹的に導出される会計の「目的」と「手段」についてここで明示する。

　従前より，会計における認識・測定の基盤とされた原価会計のもとでは，投下資金を名目的な資本と規定し，これを維持したうえでの余剰価額を利益とする構造である名目資本維持が，共通的認識として存在していた（石川 [2008]，82頁）。

　これに対し，公正価値会計における資本の概念については，IASC（IASBの前身）において，「現在の市場収益率を獲得する能力」（capacity of earn the current market rate of return）と定義される（IASC [1997]，Sec.6, par.2.4）。金融商品について見れば，その公正価値とは「予想市場収益率で割り引いた期待将来キャッシュ・フローの現在価値」と規定される（*ibid*, par.2.6）。そして，期首の「現在の市場収益率を獲得する能力」の価額と，期末における同価額の差額が，会計上の利益として認識される（石川 [2000]，223頁）。

　そこで，このような資本概念および利益概念を前提とすれば，金融商品の変動差額につき，これは将来の不確実性に起因する機会利得・損失を会計計算に含めた価額と捉えることができる（石川 [2008]，84頁）。こうした「経済的利益計算」に依拠した利益は，投下資金の回収余剰計算としての「配当可能利益計算」とは結びつかない，別の業績評価と考えるのが妥当と考えられる（同上，87頁）。即ち「経済的利益計算」は，不確実な環境下における期待・予想の変化を反映したもので，伝統的な名目資本維持による資本・利益計算とは異質なものとなる（石川 [2000]，224頁）。

　そして，以上のようなIASCの資本・利益概念を引継いだIASBは，公正価値会計の「目的」につき，「現在および潜在的な投資者，融資者及びその他の債権者が，資金提供者としての立場で意思決定を行うのに有用な，報告企業に関する財務情報を提供すること」と規定する（IASB [2010]，ch1.OB2）。つまりIASBは，公正価値，即ち期待将来キャッシュ・フローの現在価値が，資金提供者の意思決定にとって有用な情報になると考えるのである。

　したがって，公正価値会計において，「現在の市場収益率を獲得する能力」および1年後の当該増減額の開示は，以上のような「目的」を達成するための「手段」に位置付けることができる。1年経過後の資本の増減価額を利益として表示するという「手段」をとることにより，資金提供者が意思決定を行うのに有用な財務情報を提供するという「目的」を達成しようとするのである。

3.3 「投資のリスクからの解放」概念に含まれている公正価値会計の「目的」と「手段」

　以上に示された，公正価値会計の「目的」と「手段」は，わが国よりも先行して欧米諸国で規定された，公正価値会計に係る概念フレームワークから明確化したものである。そこで，わが国における公正価値会計の「目的」と「手段」についてもここで明らかにしたい。

　日本版概念フレームワークとも言える「討議資料『財務会計の概念フレームワーク』」（以下，ASBJ [2006]）では，財務報告の目的につき，「投資家の意思決定に資するディスクロージャー制度の一環として，投資のポジションとその成果を測定して開示すること」としている（ASBJ [2006], 2頁）。そして利益の表示につき，「この概念フレームワークでは，包括利益が純利益に代替し得るものとは考えていない。（中略）純利益の情報は長期にわたって投資家に広く利用されており，その有用性を支持する経験的な証拠も確認されている。それゆえ，純利益に従来どおりの独立した地位を与える。」と記述されている[2]。したがってASBJは，包括利益を第一義とするIASBとは，一線を画した利益概念を持つことが明らかである 。

　ここで，ASBJが，包括利益と純利益の双方に独立した地位を与えたのは，次のような判断をしたためである（ASBJ [2006], 20頁）。

① 今後の研究の進展次第で包括利益にも純利益を超える有用性が見出される可能性がある。

② 純利益に追加して包括利益を開示する形をとるかぎり投資家を誤導する

とは考えにくい。

　そして以上の観点から，ASBJは，測定された利益につき，これを「投資のリスクから解放された成果」であると規定する（同上，20頁）。「投資のリスク」とは投資成果の不確定性であることから，成果が事実となった時点で，それは，リスクから解放されることを意味する（同上，20頁）。具体的に言えば，企業を「投資の束」と考え，収益獲得の期待が含まれた投資については流動化が拘束されるのであり，これが「投資のポジション」として貸借対照表において表示されることになる（石川［2008］，155頁）。そして当該拘束が解放されて，収益獲得の期待が事実へ転化されるときに「投資のリスク」から解放され，成果として損益計算書に開示されることになる（同上，155頁）。かかるプロセスを経た財務諸表においては，貸借対照表を「投資のポジション」，損益計算書を「投資の成果」と捉える。（同上，148-149頁）。

　こうした考え方に基づくと，事業投資については，特段の問題なく成果の収益認識ができる。なぜなら投資の成果は，事業のリスクに拘束されない資産を交換によって獲得したか否かで判断され，対価が資産の増加となる場合にはその増加額，負債の減少となる場合にはその減少額によって収益が測定できるからである。

　これに対し，金融商品への投資については，契約が終了されるまで「投資のポジション」の拘束が解放されない。そのため，何らかの擬制的概念を援用しなければ，投資成果認識の理論的裏付けを得たことにならない。ASBJは，認識・測定される金融商品の未実現評価益を「市場価格の変動に着目した収益」と定義したうえで，収益化の論拠，すなわち「リスクから解放」されたことの論拠につき，次のように説明する（ASBJ［2006］，32頁，傍点筆者）。

・随時換金（決済）可能で，換金（決済）の機会が事業活動による制約・拘束を受けない資産・負債については，換金（決済）による成果を期待して資金の回収（返済）と再投資（再構築）とが繰り返されているとみなすことも

できる。その場合には，市場価格の変動によって，投資の成果が生じたと判断される。この場合の収益の額は，1期間中に生じた市場価格の上昇額によって測定される。

　この様な考え方は，特に，売買目的有価証券に対し適応ができる。当該商品は，交換取引ではなく市場価格の変動に基づいた収益が認識・測定の対象であり[3]，これを不可逆的な成果が得られた状態と見なすために，資金の回収と再投資とが繰り返されているような，連続的擬制取引に見立てるのである。有価証券への投資によって期待される成果とは，当該価値変動額の獲得である。そして，期末において当該回収が擬制されることにより，有価証券の変動価額は，リスクから「解放」されたことになる。こうして，現実には投資額が拘束されている金融商品につき，当該概念を援用することで，そこから解放されたと見なされる。

　以上により，まずASBJにおける公正価値会計の「目的」とは，投資家の意思決定に資する，投資のポジション（財政状態）とその成果の測定および開示にある。そして，これに対する「手段」とは，資金の回収と再投資とが繰り返されているような連続的擬制取引を前提とすることで，変動価額が「リスクから解放」されたと見なして収益認識し，純利益と包括利益を併せて表示することである。

4．「目的論的関連」観点による 公正価値会計制度の「社会的必要性」の特定

　以上の，「目的論的関連」観点に依拠した考察により，公正価値会計の拠り所となる概念から演繹的に導出される「目的」，およびこれを達成するための「手段」が示された。本節では，「目的－手段」の関連の背後に内在している「社会的必要性」を特定する。そのうえで，次節において，当該未対応から生じてくる制度の問題点を顕現化させる。

　前節で説明された，公正価値会計の概念から演繹的に導出される制度の「目

的」，およびこれを達成する「手段」について整理すると，表1のようになる。

表1　公正価値会計の概念から顕現化された制度の「目的」と「手段」

概念	実現可能性	現在の市場収益率を獲得する能力	投資のリスクからの解放
目的	・現在および将来の投資者，与信者，その他の債権者が企業への資金提供に関する意思決定を行うのに有用な財務情報の提供。	・現在および潜在的な投資者・融資者及びその他の債権者が資金提供者としての立場で意思決定を行うのに有用な報告企業に関する財務情報の提供。	・投資家の意思決定に資する，投資のポジション（財政状態）とその成果の測定および開示。
手段	・容易に換金できる状態にある資産に対する時価増減額の認識と表示。	・市場収益率で割り引いた公正価値の測定・表示。 ・市場収益率で割り引いた公正価値の1年経過後の差額を利益として表示。	・資金回収と再投資の連続的擬制取引による変動価額の認識。 ・純利益と包括利益を併せて表示。

　表により，公正価値会計制度の「目的」が，投資者等による資金提供の意思決定に有用な情報提供にあることが確認できる。2018年にIASBから公表された概念フレームワークにおいても，一般目的財務報告の「目的」につき，「現在の投資家，潜在的な投資者，与信者およびその他の債権者が，企業への資源の提供に関する意思決定を行う際に有用な，報告企業についての財務情報を提供すること」と規定されている（IASB [2018], par.1.2)。

　そして，これを達成する「手段」として，①容易に換金できる状態にある資産に対する時価変動額の損益認識（実現可能性概念），②割引公正価値の測定・表示および1年経過後の当該増減額を損益として表示（現在の市場収益率を獲得する能力概念），③資金回収と再投資の擬制取引による変動価額の認識（投資のリスクからの解放概念）の3点を示すことができる。

　上記の，「手段」として認識・表示される収益のうち，金融商品取引の代表と

いえる売買目的有価証券について見れば，安定的市場のもとで容易に換金できる状態に常時あることから，たとえ実際に換金しなくても，「実現可能性」概念に依拠した収益認識が機能するかたちとすることができる（藤井［2017］，218頁）。また，売買目的有価証券の期末時点における保有は，安定的市場の存在をバックボーンに，資金の回収と再投資の連続取引により利得が獲得できたと擬制することが可能であるため，回収資金の見積額算定をもって，「投資のリスクからの解放」概念に依拠した収益認識が可能となる[4]。

このように，従前より用いられた実現概念からの拡張が会計制度に取り込まれたのは，企業の余剰資金運用活動により生じる金融商品取引における，未実現利益の把握の社会的要請が高まったためと考えられる。安定した経済市場が存在するかぎり，現在価額で容易かつ確実に金融商品を換金することは十分可能である。また，継続的な資産保有につき，これを資金回収と再投資の連続取引の擬制と見なせば，未実現である利益の価額を認識・測定することが可能となる。さらに，安定的な経済市場が存在する場合には，そうでない場合と比べて金利変動の予測が容易であるため，割引現在価値（即ち資本価額）の計算精度が高まることも想定できる。

こうして，金融商品取引の拡大と相まって，未実現収益を把握する社会要請，即ち「社会的必要性」が醸成されたと考えることができる。当該把握が可能となれば，資金提供者にとって，期末時点で未実現であるが実現の可能性に一定の保証が付された収益の価額につき，これを査定することができるのである。

したがって，公正価値会計制度に内在する「社会的必要性」としてここで挙げることができるのは，①企業が期末時点で継続保有する未決済の金融商品が仮に決済された場合の価額，および②予想市場収益率で割り引いた期待将来キャッシュ・フローの現在価値から見積られる保有資産の価額につき，それぞれから計算される利益の価額を資金提供者が把握することである。

また，ASBJの規定によれば，純利益と包括利益の同時表示が是認されている。そこでは，原価会計に依拠して計算される純利益についても重視されることが明らかである。そこで当該価額と，公正価値会計のもとで計算されるその

他の包括利益の価額とを併せて表示することにつき，わが国の公正価値会計制度に内在する「社会的必要性」に含めることができる。

5.「社会的必要性」の未充足から提起される
公正価値会計制度の問題点

　これまでの，社会科学としての「目的論的関連」観点の考察により，公正価値会計制度の「目的」とこれを達成する「手段」，およびそこに伏在する「社会的必要性」を明らかにすることができた。本節では，第2節において説明された社会科学的研究の手順に従い，「社会的必要性」が未充足であることに起因して生じる問題点を顕現化させる。

5．1　「信頼性」排除の問題

　第3節で示された，FASBの「実現可能性」概念，およびIASBの「現在の市場収益率を獲得する能力」概念に依拠すれば，投資者等による資金提供の意思決定に有用な情報提供の「目的」については，容易に換金できる状態にある資産の公正価値評価額，および金利変動予測が可能な状況において計算される割引現在価値の認識，およびそれらの測定・表示という「手段」によって達成されることが明らかとなる。こうした，「目的－手段」の関係が内在していることにより，期末時点で継続保有する未決済の金融商品の評価額を査定するという「社会的必要性」を充足することができる。

　かつてIASBとFASBは，投資者等による資金提供の意思決定に有用な情報提供の「目的」を達成するために共同プロジェクトを立ち上げ，その成果として，改訂概念フレームワークを2010年に公表したことは既に述べた。そこでは，「信頼性」概念に換わる「忠実な表現」概念が，財務情報の質的特性と位置付けられている。

　「忠実な表現」概念の設定に当たっては，IASBが，公正価値測定に内在する，主観性が高く客観的でないという問題点を把握し，財務情報の質的特性を「信頼性」から置き換えたと考えることができる（岩崎[2010]，103-104頁）。即ち，

公正価値評価をIFRSの基本的計算規定に位置付けるため,「信頼性」に依拠したチェックを排除したと推察できるのである。

　この様な,「信頼性」から「忠実な表現」への置換えにより,二重のトレード・オフ関係,即ち「目的適合性」と「信頼性」のトレード・オフと,「忠実な表現」と「検証可能性」のトレード・オフ関係とが解消され,「信頼性」と「検証可能性」のチェックを受けないような,「目的適合性」および「忠実な表現」を重視した財務報告情報の質的特性が措定されることになる(同上,104頁)。

　しかしながら,FASBやIASBが「信頼性」概念を後退させた措置に対しては,多くの反対意見が寄せられている(FASB/IASB [2007], pars.56-57)。わが国の会計基準設定機関であるASBJでも,「信頼性」およびその下位概念である「検証可能性」を基本的特質から除外すれば,投資家の会計数値に対する信頼を低下させることになり,会計情報の意思決定有用性が減少することを危惧している(ASBJ [2009], 8-9頁)。

　こうした,「信頼性」概念が財務報告情報の質的特性から除かれる現状では,客観性に問題のある測定値のチェック機能が脆弱になる可能性があり,利用者を誤導する恐れが生じる(岩崎編 [2019], 78頁)。かつて国内外では,名目資本維持の査定を目途に取得原価に基づいた利益計算が行われ,そこでは未実現利益を計上しないことが,会計制度の本旨とされていた。こうした指向を大幅に転換した公正価値会計制度に依拠すれば,名目資本維持査定の「社会的必要性」の充足が困難となる。したがってこのことが,制度の問題点として提起されることになる。

５．２　異なる２つの資本維持概念が計算書に並立する問題

　また,諸外国との比較において,公正価値会計制度の導入に積極的な姿勢を取らないわが国においては,純利益の表示を排除しない立場が堅持されている。上記のとおりASBJ [2006] では,①国際的な動向にあわせて包括利益を構成要素の体系に含めるべきであること,②包括利益を追加開示しても投資家を誤導するとは考えにくいこと,が明記されている。当該内容を斟酌すれば,

IASBやFASBと比べ，包括利の表示への非積極的な意思を見て取ることができる。とくに②については，包括利益を表示しても利用者の混乱は軽微になるという推察であり，あくまでも，純利益を第一義とする志向が読取れる。

　IASBやFASBが規定する包括利益について見ると，これは期待・予想の変化を反映した計算により測定されるものであり，伝統的な名目資本維持による資本・利益計算とは異質なものである（石川 [2000]，224頁）。こうした，経済学的な資本・利益計算が会計的認識・測定のなかに入り込んだ様態（同上，224頁）は，今日における，経済的実態や潜在リスクの開示の「社会的必要性」に呼応した制度特質ということができる。

　しかし他方で，純利益と包括利益という2つの測定値を統一的な資本維持概念によって統合化することについては，会計理論的に困難と考えられる（同上，228頁）。むしろそこでは，性格を異にする経済活動，即ち実物経済活動と金融経済活動につき，それぞれを異なる資本・利益計算によって測定する方が，理論的に明解であるといえる（同上，229頁）。

　この点については，ASBJ [2006] の記述・規定においても，理論面での解決が達成されていない。そこでは，「証券市場を中核に据えた投資家の予想形成に資する財務報告」が会計の「目的」に据えられており（ASBJ [2006]，153頁），純利益重視の立場を採りながらも，包括利益に一定の理解が示されたかたちとなっている。

　会計理論的には，「現在の市場収益率を獲得する能力」の維持を基礎として算出される利益を，名目資本を基礎として算出される利益と同質のものと見ることは困難と言える。利益計算が会計実務の中核的位置づけにありながらも，制度現況においては，当該計算の基礎となる資本概念が，2つ存在するのである。こうした異質の利益が計算書に並立表示されれば，未実現収益の査定と名目資本維持の査定という対極的な「社会的必要性」を同時に達成することが可能であるものの，他方で，情報利用者に混乱が生じる可能性もある。したがって，公正価値会計制度における2つの資本概念の並立表示は，「社会的必要性」の未充足から生じる問題点として提起することができる。

6．得られた結論
──制度に内在する問題点の顕現化──

　以上のとおり，本章では，公正価値会計制度に内在する問題点につき，社会科学的研究で用いられる「目的論的関連」の観点に拠って顕現化された。ここで明らかになった問題点は，以下のとおりである。

　・公正価値会計制度では，「信頼性」概念が除外される。これにより，客観性に問題のある測定値のチェック機能が脆弱化する恐れがある。とくに，名目資本維持査定の「社会的必要性」の充足が困難となる。
　・利益計算が会計実務の中核に位置づけられながら，当該計算の基礎となる資本概念が2つ存在し，そこから演繹される異質の利益が，計算書に並立表示される。これにより，情報利用者に混乱が生じる可能性がある。

　そして，第1章で説明されたとおり，本研究の方法は，公正価値会計制度に対して問題提起された事項について，「当為」（いかにあるべきか）とその根拠を明らかにし，そこから「目標仮説」を設定して，その妥当性を規範演繹的アプローチによって検証することにある。そこで次章では，公正価値会計制度の問題点に対する「目標仮説」を設定する。

注
1　FASBは，SFAS第157号に先立ってSFAS第107号「金融商品の公正価値の開示」を1991年に公表している。ここにおいて，金融商品の公正価値を「取引する意思のある当事者間において，（中略）成立する現在の取引において交換することが可能な額」と規定している（FASB [1991], par.5）。
2　ASBJ [2006], 20頁。こうした立場から演繹される利益計算においては，必然的に，ストックの評価よりもフローの配分に基本が置かれることになる（石川 [2008], 145頁）。
3　その他有価証券については，「投資のリスクからの解放」基準に従えば，それを実際に売却したときに評価差額が投資のリスクから解放されたとみなされ，取得原価と売却価額との差額が売却損益として当期の損益に算入されることになる（藤井 [2017], 218頁）。
4　特筆できる相違点として，「実現可能性」概念は資産の外形的状態にもとづいて収益を認識しようとするもので，収益の処分可能性を重視した基準であり，資産が既知の金額で

容易に換金できる状態にある場合には評価差額を収益認識することが可能となる（藤井［2017］, 218頁）。これに対し「投資のリスクからの解放」概念は，収益の成果性を重視したものであり，たとえ資産が既知の金額で容易に換金できる状態であっても，そこに成果性が認められない限り評価差額が当期損益として処理されない（同上, 218頁）。

第3章　公正価値会計制度の問題点考察
のための「目標仮説」設定

1．はじめに ──本章の考察目的──

　第1章で示されたとおり，本研究の主たる目的は，原価会計から公正価値会計制度への制度の変化要因を分析し，かつ原価会計に対する公正価値会計の制度的優位性の有無を検証することにある。また同章では，本研究の方法として，「目的論的関連」の観点から制度に含まれる問題を顕現化させ，これに対する「目標仮説」が設定され，しかるのち「規範演繹的研究」によって当該仮説の妥当性を検証することが説明された。

　そして第2章においては，「目的論的関連」の観点に依拠して，公正価値会計制度に内在する問題が明らかにされ，特に重要となるのが，「信頼性」（reliability）の欠如であることが示された。そこで本章では，当該問題点に対する「目標仮説」の設定を目的として考察を進める。

　アメリカの会計制度においては，公正価値が歴史的原価よりも目的適合的であると，これまでの研究で結論付けられている（藤井 [2011]，29頁）。FASBとIASBは，こうした流れのなかで，改訂概念フレームワークを2010年に公表し，そこでは「信頼性」に換わる「忠実な表現」（faithful representation）を，財務情報の質的特性として，基本的特徴の一つに位置付けている。

　そして当然のように，FASBやIASBにおける「信頼性」概念の後退措置に対しては，多くの反対意見が寄せられている（FASB/IASB [2007]，pars.56-57）。

わが国でも同様の意見が見られ，「信頼性」およびその下位概念である「検証可能性」（verification availability）を基本的特質から除外すれば，投資家の会計数値に対する信頼を低下させることに繋がって会計情報の「意思決定有用性」（decision- usefulness）を減少させることが，重大な問題として，企業会計基準委員会（以下，ASBJ）により提起されている（ASBJ [2008]，8-9頁）[1]。

　そこで，このような「信頼性」の欠如の問題に対し，それに取って代わる「忠実な表現」の妥当性，延いては公正価値会計の優位性を検証するための「目標仮説」の設定を，本章における考察目的とする。

　まず第2節では，「目的論的関連」の観点から顕現化された問題点に対し「目標仮説」を設定して当該妥当性の「規範演繹的研究」を行うという，一連の社会科学的研究方法について説明する。特にそこでは，「目標仮説」を設定する意義が詳しく説明される。次に第3節において，「信頼性」欠如という特質が伏在する公正価値会計制度の実定基準を概観する。これを踏まえて第4節では，先行研究を援用しながら，「忠実な表現」への移行措置に含意される内在問題点の本質を明らかにする。そのうえで第5節において，移行の妥当性，即ち特定の問題を内包する公正価値会計の優位性如何を「規範演繹的研究」により検証するために，「目標仮説」が設定される。

2．制度に内在する問題点考察の社会科学的方法

　第2章で示されたとおり，「目的論的関連」（「目的－手段」の関係）の観点によれば，社会制度の設計に対する問題点の提起を行うことができる。そして同章では，公正価値会計制度に内在する「信頼性」欠如の問題が，既に顕現化されている。

　そして第1章で説明されたとおり，会計研究においては，問題点に対する「当為」（いかにあるべきか）とその根拠の提示がしばしば重視され，これらの正当性を示すために，「目標仮説」が設定される（徳賀 [2012a]，1頁）。そして当該仮説をもとにして，経験に頼らず特定の理論から演繹的な推論のみで論理的に必然

的な結論に到達しようとする「規範演繹的研究」が，会計の普遍的説明を達成する方法の一つとして用いられる（徳賀 [2012b]，144頁）[2]。

　ここで，本研究の目途とする所は，原価会計に対する公正価値会計の制度的優位性の有無を検証することである。その結論導出においては，国内外で既に規制・施行されている諸概念および会計基準の分析が不可欠となる。したがって本研究においては，前提となる諸規定から個別的結論を導出する「規範演繹的研究」によって必然的結論に到達するのが，妥当かつ適切な方法となる。そこでは，「当為」とその根拠の正当性を示すために「目標仮説」が設定され，その仮説の妥当性を「規範演繹的研究」によって検証することになる。

　「目標仮説」の内実は，「当為」とその論拠が妥当であることを端的に表現した命題となり得ている。他方で，問題点に対する「当為」とその根拠を明確化することで，妥当度が一層高い「規範」（あるべき状況）が成立し得る。したがって，問題点に対する「目標仮説」と「規範」とは，その内容を同質化することが可能となる。こうして，「規範」としての「目標仮説」の正当性について演繹的考察を行うことによって「規範演繹的研究」が成立し，そこから必然的結論を得ることができる。当該アプローチにより「目標仮説」が妥当であると結論付けられれば，「当為」の正当性が示されたことになる。

　そこで本章以下では，第2章で提起された，公正価値評価制度に内在する問題点，即ち会計情報の「信頼性」欠如の問題に対し，「当為」とその根拠を明らかにしたうえで，「目標仮説」が設定される。

3．公正価値評価に係る会計基準

　本節では，以上で説明された研究方法に従い，わが国のおよびアメリカにおいて規定される，公正価値評価に係る会計基準を概観する。会計計算における公正価値の定義につき，FASBでは「測定日における市場参加者間の秩序のある取引において，資産を売却して受け取るかまたは負債を移転して支払う価格」（FASB [2006]，par.5）とされる[3]。そこで，公正価値評価による「信頼性」欠

如の問題がダイレクトに含まれた，オプション取引の会計基準をまず概観する[4]。さらに，当該商品の評価の基礎となる「公正価値ヒエラルキー」の基準について把握する。

3.1　わが国におけるオプション取引の会計基準

3.1.1　「企業会計基準第10号」公表以前の評価基準

　金融派生商品であるオプションの取引につき，かつてわが国ではオフバランス取引と位置付けられ，貸借対照表に資産・負債として計上されていなかった。売建オプションについては，取得したオプション・プレミアムを負債とするものの，売建オプションに係る損失は，その発生が不確実であるためその金額を負債とせず，オフバランスとしたのである。そして，売手側の損失が受け取ったオプション・プレミアムを上回る超過額に対応する債務は，買い手側の権利行使に委ねられた一種の偶発債務として注記開示されていた（古賀 [1999]，54-55頁）。また，オプションの売建によって取得したプレミアムは，この偶発債務を負うことの対価として，当期の収益ではなく，オプション消滅時までの一種の経過項目として負債計上された（同上，54-55頁）。

　具体的な会計処理として，買建ての場合は，借方に前渡金が資産計上され，売建ての場合は貸方に前受金が負債計上される。そして決算時には，財務会計上の処理を行わない。買い手にとって，コール・オプション（買建て）により資産に計上されるのは支払オプション料だけであり，含み損益が発生していても認識はされない。他方，コール・オプションの売り手の損益は，負債の部に前受金として計上したオプション料を収益計上する。また，売建てオプション取引に係る含み損失が発生して将来に損失をもたらす可能性があるものについては，偶発債務の注記が求められていた。

3.1.2　「企業会計基準第10号」におけるオプション取引の会計処理

　現在における，オプション取引の会計処理は，企業会計基準第10号において規定される。当該基準は，金融商品に関する会計処理を定めることを目的とし，資産の評価基準については「企業会計原則」に定めがある一方，金融商品に関

しては，この会計基準が優先して適用される（第1段）。

そこにおいて，オプションを含むデリバティブ取引によって生じる正味の債権及び債務は，時価をもって貸借対照表価額とし，評価差額は，原則として当期の損益として処理される（第25段）。

当該規定が設定された背景について，「デリバティブ取引は，取引により生じる正味の債権又は債務の時価の変動により保有者が 利益を得又は損失を被るものであり，投資者及び企業双方にとって意義を有する価値は当該正味の債権又は債務の時価に求められると考えられる。したがって，デリバティブ取引により生じる正味の債権及び債務については，時価をもって貸借対照表価額とすることとした。また，デリバティブ取引により生じる正味の債権及び債務の時価の変動は，企業にとって財務活動の成果であると考えられることから，その評価差額は，（中略）ヘッジに係るものを除き，当期の損益として処理することとした」と説明される（第88段）。

具体的な会計処理の事例は次のとおりである。

①2020年4月1日，株式を1,000円で購入できる権利（コールオプション）を買い建てた。オプション・プレミアムは100円であった。

（借方）買建オプション　100　　　（貸方）現　　　　　　金　100

②2021年3月31日，株式の時価は1,100円，ブラック・ショールズ・モデルで算出されたオプション・プレミアムの推定価格は110円であった。

（借方）買建オプション　10　　　（貸方）オプション差損益　10

③2021年10月1日に，株価が1,200円となったため，権利を行使した。

（借方）現　　　　　　金　200　　　（貸方）買建オプション　110
　　　　　　　　　　　　　　　　　　　　　オプション差損益　90

3．2　会計基準における「公正価値ヒエラルキー」の規定

3．2．1　FASBにおける「公正価値ヒエラルキー」の規定

そして，以上のオプション取引を含む公正価値評価の基準においては，「公正

価値ヒエラルキー」が，測定の基礎的規定とされる。SFAS第157号では，公正価値測定の透明性および比較可能性の向上を目的に，測定に用いられる評価技法へのインプットを3つのレベル（レベル1・レベル2・レベル3）に序列化した「公正価値ヒエラルキー」が設定されている。

　レベル1のインプットは，同一の資産または負債に係る，報告主体が測定日においてアクセスすることが可能な活発な市場における相場価格である（FASB [2006]，par.24）。

　レベル2のインプットは，レベル1のインプットの枠内の相場価格以外のもので，活発な市場における同種の資産または負債に関する相場価格，および活発でない市場における同一・同種の資産・負債に関する相場価格である（ibid., par.28）。また，金利，イールドカーブ，およびボラティリティも含むこともできる（ibid., par.28）。

　そして，ヒエラルキーが最も低いレベル3のインプットは，資産または負債の観察不能なインプットであり，観察可能なインプットが入手できない場合に限り用いられるものである（ibid., par.30）。なお，レベル3のインプットを用いる場合でも，市場参加者の観点からの出口価格を算定するという公正価値測定の目的は変わらないため，プライシングに際して市場参加者が用いるであろう仮定に関して，報告企業自身の見積りを反映することが要求される（ibid., par.30）。ただし，市場参加者の仮定に関する情報を合理的に入手することができる場合は，それを無視してはならない（ibid., par.30）。

３．２．２　ASBJにおける「公正価値ヒエラルキー」の規定

　ASBJでは，公正価値の定義につき「公正な評価額をいい，市場において形成されている取引価格，気配又は指標その他の相場（中略）に基づく価格」（ASBJ [2008]，第6項）と規定される。そしてASBJは，平成21年に，公正価値評価の主要論点を検証した「公正価値測定及びその開示に関する論点の整理」（以下ASBJ [2009]）を公表し，ここでの重要論点の一つとして「公正価値ヒエラルキー」を挙げている[5]。

　ただしそこでは，SFAS第157号のような，公正価値の測定に適用する単一の

ヒエラルキーが規定されるのではなく，個々の会計基準等で時価の算定方法を
定めることが明記されている（ASBJ [2009]，第72項）。例えば，公正価値評価の
対象となる金融商品については，金融商品会計基準および金融商品実務指針等
に基づいて行われることになる。

　また，取引所に上場されている金融資産など市場価格に基づく価額以外の，
合理的に算定された価額については，(1) 取引所等から公表されている類似の
金融資産の市場価格に，利子率，満期日，信用リスク及びその他の変動要因を
調整する方法，(2) 対象金融資産から発生する将来キャッシュ・フローを割り
引いて現在価値を算定する方法，(3) 一般に広く普及している理論値モデル又
はプライシング・モデル（例えば，BSモデル，二項モデル等のオプション価格モデ
ル）を用いる方法によって，それぞれ算定される（日本公認会計士協会 [2015]，
第54項）。

　そしてASBJ [2009] においては，SFAS第157号の3つの「公正価値ヒエラル
キー」との対比についても言及されている。そこでは，上記 (1) についてはレ
ベル2のヒエラルキーであり，(2) および (3) についてはインプットの重要性
に応じてレベル2またはレベル3のヒエラルキーに分類することが明示されて
いる（ASBJ [2009]，第76項）。

4．低ヒエラルキーのインプットによる
公正価値評価額の「信頼性」欠如の問題

　以上により，測定値の「信頼性」欠如の問題を含むオプション取引の基準，お
よび当該評価のうえで基礎的規定となる「公正価値ヒエラルキー」について説
明された。本節では，レベル2や3の様な低いヒエラルキーのインプットによ
る公正価値評価額の「信頼性」欠如の問題につき改めて整理し，これを補うた
めの「公正価値ヒエラルキー」の役割について，先行研究を援用して考察する。

4．1　低ヒエラルキーのインプットによる公正価値評価額の「信頼性」欠如
　第3節で示されたように，FASB [2006] では，「公正価値ヒエラルキー」が低

いインプットとして，金利，イールドカーブ，およびボラティリティが，レベル2に指定されている。これらを用いる代表的な測定技法として，二項定理やブラック・ショールズ・モデルがある。そして，これによって計算される測定値の代表例として，コール・オプションやプット・オプションなどの期末プレミアムの評価額が挙げられる。

　こうした，「公正価値ヒエラルキー」には，開示される測定額から測定対象の蓋然性および測定可能性を利用者が再現できない場合に，測定の信頼性を向上させるための詳細なガイダンスを加える役割，および測定値に含まれる蓋然性および測定可能性の追加的な情報を利用者に開示する役割が存在する（川村[2014]，46頁）。利用者に対し，「公正価値ヒエラルキー」の情報が開示されれば，測定のためのインプットに起因して「信頼性」欠如の問題が伏在する会計測定値を特定できるわけである 。

　しかし逆に言えば，これらの評価額はレベル2もしくはレベル3のインプットを用いるため，「信頼性」欠如の問題がクローズアップされることになる。そこで，情報利用者の意思決定にとって，公正価値会計は，重大な制約が含まれた会計情報を開示する制度といえる。従前においては，財務諸表で認識・測定される情報が，その蓋然性および測定可能性の相違にもかかわらず，1つの測定値に収めて一元的に取り扱われていたことから，新たな制度であるヒエラルキーの序列化は，蓋然性や測定可能性の相違を際立たせることに繋がる[6]。

　そしてこのような，インプットの序列化を前提とした金融商品の測定は，会計の概念的枠組みに対し，大きな影響を及ぼしている。ヒエラルキーのレベルが低いインプットによる公正価値測定においては，主観性が高く客観的でないことをIASBが自認し，これと連動する形で，概念的枠組みにおいて財務情報の質的特性を，「信頼性」から「忠実な表現」に置き換えた経緯がある（岩崎[2010]，103-104頁）。つまり，公正価値会計がIFRSの基本構造であるため[7]，「信頼性」が低いレベルとなる測定値については，そのチェックを排除する必要に迫られたと考えられる。

　さらには，低いヒエラルキーのインプットによる公正価値評価額につき，こ

れは作成者の見積りに基づく推定値であることから,「検証可能性」について
も,その問題性が先行研究で指摘されている。レベル3(レベル2もおそらく含ま
れる)の公正価値測定値は,ある時点での見積価額を事後に検証しようとして
も,その結果が過去に行った見積りの誤謬により生じたものか,その後の状況
の変化に起因して生じたものかを区別することが不可能となってしまう(川村
[2014], 46頁)。とくにレベル3のインプットは,作成者の判断により設定され
る場合が多いことから,事後において測定値を検証することが困難となる。

　こうした問題を,簿記会計システムの観点から見れば,取引に基づき客観的
で検証可能な帳簿記録を基礎とするのが当該システムの本義であるため,その
中心概念は「信頼性」であることが明白である(岩崎[2010], 104頁)。そこで,
このシステムを重視する立場によれば,財務報告の利用者が求めているのは
「忠実な表現」ではなく「信頼性」のある財務報告であり,これが勘案されてい
なければ,その利用者を誤導する危険が生じることになる(同上, 104頁)。

　したがって,以上に示した考察から汲み取れる指摘事項の要諦は,「忠実な表
現」を全うした財務報告が今日の情報利用者のニーズを充足することを認めな
がらも,「信頼性」および「検証可能性」の除外には慎重になるべきということ
である。そもそも,「信頼性」のない会計情報は「情報の有用性」の点から有用
と言えないため,概念フレームワークの計算構造の議論の前提として,これを
復活させるべきと考えることもできる(岩崎[2019], 78頁)。

4.2　「公正価値ヒエラルキー」による「検証可能性」欠如の補完

　以上のように,ヒエラルキーのレベルが低いインプットによる公正価値測定
値に「信頼性」が存在しない問題に対し,IASBは,「忠実な表現」を財務報告の
質的特性に採用することで対処を図っている[8]。さらにIASBは,質的特性の構
成要素から「検証可能性」を排除し,「忠実な表現」が,会計測定値とそれが表
現しようとする経済的現象の一致を第一義的に要求する質的特性であることを
明確に打ち出している(藤井[2011], 29頁)。

　FASB/IASB [2010] (以下,改訂概念フレームワーク)が,「忠実な表現」への差

し替えにより「検証可能性」を後退させた事由については，以下のように説明されている（FASB/IASB [2010]，par.BC 3.36）。

・「忠実な表現」に「検証可能性」を含めることは，容易に検証可能ではない情報を排除することにつながる。
・「目的適合性」を有する情報の提供において，重要であるが直接的には検証できない見積情報が含まれており，これが排除されると財務報告の有用性を低下させる可能性がある。

　この様な判断に基づき，改訂概念フレームワークでは，「検証可能性」を補強的な質的特性と位置付け，「目的適合性」と「忠実性な表現」が保たれるかぎりにおいて，これを最大化すべきとする（*ibid.*, par.BC 3.36）。つまり，「検証可能性」は，忠実に表現しようとしていることを利用者に確信させるのに役立つものとするが（*ibid.*, par.QC 26），他方で「忠実な表現」の構成要素には含めていないのである。

　さらに改訂概念フレームワークでは，「検証可能性」に対して，「直接的検証」と「間接的検証」という新しい概念を導入している。前者は，会計測定値を現実世界の経済的現象に依拠して直接的に検証するものであり，後者は，同じ会計方法に基づいてインプットの調査とアウトプットの再計算を行うことで検証するものである。市場性のある有価証券の市場価格のように，測定値が「忠実な表現」であるかを直接的に確認することが可能なのが「直接的検証」であり，減価償却費のように，インプットおよびこれを利用した測定プロセスの確認によって測定値の適切性を検証するのが「間接的検証」である（Johnson [2005], p.3）。

　そして既に述べたとおり，改訂概念フレームワークでは，「検証可能性」につき，従来の基本的質的特性である「信頼性」の一構成要素の地位から，補強的質的特性へと格下げが行われている（岩崎 [2019], 69頁）。そのため，「間接的検証」が達成できたとしても「忠実な表現」であるとは限らず（減価償却や繰延費

用など），逆に「間接的検証」が達成できなくても「忠実な表現」とすることが可能となる (Johnson [2005], p.3)[9]。

　しかし，以上のような考え方を持つ改訂概念フレームワークに対しては，多くのコメントレターが寄せられ，とくに，「忠実な表現」は「信頼性」と同等でないこと，「忠実な表現」への差し替えは「理解可能性」の縮小を招くことなど，否定的見解が散見される (FASB/IASB [2007], pars. 56-57)[10]。また，ASBJ [2008] においても，「検証可能性」は「信頼性」を支える概念として会計数値のノイズや偏りを小さくする機能をこれまで果たしてきたにもかかわらず，これが補強的特性に格下げされれば，会計数値の信頼度を低下させて意思決定有用性を減少させてしまうことが，問題点として指摘されている (ASBJ [2008], 8-9頁)。

　このように，複数の問題点を内包する「忠実な表現」概念であるが，これを第一義とすることが可能となるのは，その基底に据えられた資産負債アプローチの新しい位置付けのためである (藤井 [2011], 33頁)。即ち，改訂概念フレームワークにおいては，たんに定義が何に依存するかを指示する会計観ではなく，どの情報が最も有用か，情報がどのように測定されるべきかの検討に対して規範的な指示を与える会計観として，当該アプローチを位置付ける (同上, 33頁)。そして，こうした位置付けの変更を象徴的に具現化したのが「忠実な表現」の論理的含意であり，それは，公正価値情報が報告実体の財政状態を忠実に表現するという規範的観点と見ることができる (同上, 34頁)。

　ただし，改訂概念フレームワークにおいても，「検証可能性」の全面的排除を是認したとまでは言い切れない。そこでは，「説明や将来予測的財務情報の中には，将来の期間まで検証が可能でないものもある。利用者がその情報を利用したいかどうかを判断するのに役立てるために，通常，基礎となる仮定，情報の収集方法，及びその情報の根拠となる他の要因及び状況を開示することが必要である。」と記されている (FASB/IASB [2010], par.QC 26)。このFASB/IASBのコメントには，「公正価値ヒエラルキー」に重要な役割があることが暗示されている。即ちこれは，開示される測定額から測定対象の蓋然性および測定可能

性を利用者が再現できない場合に,測定の信頼度を上げるためのガイダンスの役割である(川村 [2014], 46頁)。

したがって,利用者に対して「公正価値ヒエラルキー」の情報が開示されれば,評価技法のインプットに起因して「信頼性」欠如の問題が生じる可能性がある会計測定値の特定ができる。レベル3は言うに及ばず,レベル2のインプットによる測定値ついても,当該ヒエラルキー,および評価技法に関する追加的な説明によって,測定値の信頼度合の把握が達成され得るのである。

5. 得 ら れ た 結 論
——本研究の「目標仮説」の設定——

以上の考察によって,低いヒエラルキーのインプットを用いた公正価値評価について,「信頼性」および「検証可能性」の欠如の点から,情報利用者にとって必ずしも適正であるとは言えないものの,評価技法や「公正価値ヒエラルキー」に関する情報を合わせて開示することで,当該欠如の緩和化を期待できることが示された。

上述のとおり,「忠実な表現」を第一の質的特性とできるのは,資産負債アプローチを概念フレームワークの基底に位置付けたためである。どの情報が最も有用か,情報がどのように測定されるべきかの検討に対し規範的な指示を与える会計観として,当該アプローチが諸外国で是認されている。収益費用アプローチからのこの様な会計観の変更は,公正価値情報が,報告実体の財政状態を忠実に表現するという規範的観点に沿うものと考えることができる。

わが国について見れば,欧米をはじめとする諸外国よりも永らく,収益費用アプローチが拠り所とされ,資産負債アプローチの導入には消極的であった経緯がある。しかし今日では,保有する売買目的有価証券は言うに及ばず,オプションなどのデリバティブについても,公正価値会計による処理が行われている。例えば,ボラティリティなどヒエラルキーのレベルが低いパラメタをブラック・ショールズ・モデルや二項モデルにインプットして,公正価値評価額が測定される。

　こうした制度変化は，原価会計に対する公正価値会計の相対的有用性が，広くわが国で受け入れられた結果によると判断することが可能である。本章で説明されたように，「信頼性」と「検証可能性」の欠如という重大な問題に対しては，「公正価値ヒエラルキー」を含む新たな追加情報の開示による緩和の方策も既に提示されている。こうした状況から，当初において欧米ほどには公正価値会計制度のメリットを感知していなかったが，様々な要素がわが国の経済社会に作用したことにより，結果として海外の会計制度との調和化が進んでいったと考えることができる。

　そして，第2節で説明されたように，会計研究においては，しばしば問題点に対する「当為」（いかにあるべきか）とその根拠の正当性を示すために「目標仮説」が設定され，これをもとに「規範演繹的研究」が行われる。ここで，「規範演繹的研究」の「規範」とは，「かくあるべき」であることを示した命題である。他方で，問題点に対する「当為」とその論拠は，「規範」の要素となり得る。「目標仮説」には，「当為」とその論拠とが含意されており，「規範」と「目標仮説」とを同質のものとして捉えることが可能であるため，「規範演繹的研究」で示された結論の如何によって，「目標仮説」の正当性を判断することができる。

　そこで，事実として，わが国の会計制度が原価会計から公正価値会計へと変化したことを鑑みれば，たとえ「信頼性」と「検証可能性」の欠如の問題を犠牲にしてでも，会計情報の利用者にとっては公正価値会計情報の方が有用であったと考えることができる。したがって，保有資産に対する公正価値評価を「当為」とすることができる。その論拠は，経済的実質としての資産の評価額の表示により，原価会計情報との比較において，投資意思決定に有用な情報が得られることである。そして，この正当性を検証するために，次のような目標仮説を設定することができる。

（目標仮説）
　特定の社会的要因の存在により，企業への資金提供者にとっては，原価会計よりも公正価値会計の方が，意思決定に有用な情報を獲得することができる。

　この「目標仮説」は，上記のとおり「規範」ともなり得るため，本研究の以下の考察においては，「規範演繹的研究」に依拠しながら，「目標仮説」の妥当性を検証していくことにする。

注

1　FASB［1980］によれば，検証可能性とは「測定者間の合意を通じて，情報が表現しようとするものを表現すること，または選択された測定方法が誤謬または偏向なく使用されることを保証する能力」と規定される（FASB［1980］, Glossary of Terms）。

2　「規範演繹的研究」においては，精度が高い演繹的推論が要求され，「規範帰納的研究」では，事実の観察に対する科学性の具備が要件となる（徳賀［2012a］, 1頁）。

3　FASBは，SFAS第157号に先立って，SFAS第107号「金融商品の公正価値の開示」を1991年に公表している。ここにおいて金融商品の公正価値を「取引する意思のある当事者間において，（中略）成立する現在の取引において交換することが可能な額」と規定している（FASB［1991］, par.5）。

4　今日の財務会計において，制度的および理論的に最も重要な課題として，金融（派生）商品をめぐる公正価値会計の導入の問題がある（石川［2000］, 59頁）。

5　ASBJ［2009］では，今日の公正価値評価の主要論点として「公正価値の概念」，「公正価値の測定方法」および「公正価値測定に関する開示」の3点が挙げられている。そして測定方法について，「公正価値のヒエラルキー」と「市場が活発でなくなった場合における公正価値測定」の2論点に焦点が当てられている。

6　これに対し，将来のキャッシュ・フローの分布を現在価値に変換して貸借対照表で認識する場合は，当該分布の形状に相違があっても，一定のリスク調整の手続きを加えることによって，当該分布は1つの測定値に集約することができる（川村［2014］, 46頁）。

7　「信頼性」から「忠実な表現」への置換えにより，二重のトレード・オフ関係（「目的適合性」と「信頼性」とのトレード・オフ関係および「忠実な表現」と「検証可能性」とのトレード・オフ関係）の双方を解消し，「信頼性」ないし「検証可能性」のチェックを受けない財務報告情報の質的特性が設定できる（岩崎［2010］, 104頁）。

8　徳賀［2012b］によれば，測定手法において同程度に信頼のおける方法が複数存在し，かつ，いずれの手法においてもインプット変数の選択が経営者に委ねられているので，評価の際に経営者の裁量が入りやすく，公正価値評価が投資意思決定支援機能の低下をもたらすおそれがある（徳賀［2012b］, 173頁）。

9　Johnsonによれば，直接的検証は測定者のバイアスと測定バイアスの両方を最小化する性質を持つのに対し，間接的検証は測定者のバイアスを最小化する性質を持つのみであるため，表現しようとする経済的の現象と対応しない測定値を会計方法がもたらすならば，間接的に検証された測定値は信頼性を欠くものとなる（Johnson［2005］, p.3）。

10　また，直接的検証の場合には測定値が「忠実な表現」であることが確認できるが，間接的検証の場合には，これが「忠実な表現」の構成要素とはならない（徳賀［2008］, 26頁）。

第3章　補論　ヒエラルキーのレベルが低い
インプットを用いる測定値の「信頼性」の問題

補論A　ブラック・ショールズ・モデルを用いた
測定値の「信頼性」の問題

　第3章の考察により，公正価値ヒエラルキーのレベルが2もしくは3のインプットを用いた測定値に対し，「信頼性」および「検証可能性」の問題が生じることが示された。そこで，本章（補論A）では，公正価値ヒエラルキーがレベル2のインプットを用いる測定技法である，ブラック・ショールズ・モデルの概要を説明し，当該測定値の特質と限界を明らかにする（ここでは，石村・石村［2008］，96-189頁に基づいて，ブラック・ショールズ・モデルの導出過程が説明される）。これにより，測定値の「信頼性」の度合を分析する。

ブラック・ショールズ・モデルによるオプション価格の測定
　ブラック・ショールズ・モデルは，「伊藤過程」に基づいて導出された，オプション・プレミアム価格算出のための公式の一つである。
　一般化したウィーナー過程において，$\Delta X = a \cdot \Delta t + b \cdot dZ$に対し，$\Delta t \to 0$のとき，$dX = a \cdot dt + b \cdot dZ$となる。「伊藤過程」では，かかる定数a, bをそれぞれa(X, t), b(X, t)とする。すると，$dX = a(X, t) \cdot dt + b(X, t) \cdot dZ$となる。そしてブラック・ショールズ・モデルにおいては，現在の株価Sが，「伊藤過程」$dS = a(S, t) \cdot dt + b(S, t) \cdot dZ$に従うと仮定する。このとき，コール・オプションの価格$f(S, t)$の動きは，次の式，「伊藤のレンマ」に従うことになる（導出プ

ロセスは，石村・石村 [2008]，134-135頁参照）。

$$df = \left(\frac{\partial f}{\partial S} \cdot \mu S + \frac{\partial f}{\partial t} + \frac{1}{2} \frac{\partial^2 f}{\partial S^2} \cdot \partial^2 S^2 \right) dt + \frac{\partial f}{\partial S} \cdot \sigma \cdot S \cdot dZ \quad \cdots \textcircled{1}$$

　次に，S（株価）が「伊藤過程」，即ち $dS = \mu \cdot dt + \sigma S \cdot dZ$ に従っているとき（μS はドリフト率，σS は標準偏差），株価のモデル式を $\frac{dS}{S} = \mu \cdot dt + \sigma \cdot dZ$ とする。ここで，$\frac{dS}{S} = dY$ とおけば，$\frac{dY}{dS} = \frac{1}{S}$ であるため，$Y = \log S$ となる。この時，株価の対数が正規分布に従うことになる（石村・石村 [2008]，136-137頁）。

　そこで，コール・オプションの価格 $f(S, t) = \log S$ の動きとしての df を求める。$f(S, t) = \log S$ を S で偏微分すると，$\frac{\partial f}{\partial S} = S^{-1}$ であり，$\frac{\partial^2 f}{\partial S^2} = -S^{-2}$，$\frac{\partial f}{\partial t} = 0$ となるため，これらを式①に代入すると，

$$df = \left(\frac{\partial f}{\partial S} \cdot \mu S + \frac{\partial f}{\partial t} + \frac{1}{2} \frac{\partial^2 f}{\partial S^2} \cdot \partial^2 S^2 \right) dt + \frac{\partial f}{\partial S} \cdot \sigma \cdot S \cdot dZ$$
$$= \left(\mu - \frac{\sigma^2}{2} \right) dt + \sigma dZ$$

となる。$\mu - \frac{\sigma^2}{2}$ および σ は定数であるため，$f(S, t) = \log S$ はウィーナー過程に従っている。

　ここで，株価Sの株式を $\frac{\partial f}{\partial S}$ 単位買い，価格 $f(S, t)$ のコール・オプションを1単位売るとすれば，このポートフォリオの価値は，$\frac{\partial f}{\partial S} \cdot S - 1 \cdot f(S, t)$ となり，Δt 時間におけるポートフォリオの変化量は，$\frac{\partial f}{\partial S} \cdot \Delta S - 1 \cdot \Delta f$ となる。そして，この ΔS および Δf に対し，伊藤のレンマの2つの式，即ち $\Delta S = \mu S \Delta t + \sigma S \cdot \Delta Z$，および $\Delta f = \left(\frac{\partial f}{\partial S} \cdot \mu S + \frac{\partial f}{\partial t} + \frac{1}{2} \frac{\partial^2 f}{\partial S^2} \cdot \partial^2 S^2 \right) \Delta t + \frac{\partial f}{\partial S} \cdot \sigma \cdot S \cdot \Delta Z$ を代入すると，以下のブラック・ショールズ微分方程式が設定される（ただし，r は非危険利子率）。

$$r \cdot f(S, t) = \frac{\partial f}{\partial t} + \frac{1}{2} \frac{\partial^2 f}{\partial S^2} \cdot \partial^2 S^2 + r \cdot \frac{\partial f}{\partial S} \cdot S \quad \cdots \textcircled{2}$$

　そして，式②で示された偏微分方程式を解くことによって，オプションの価格評価公式が求まり，コール・オプションやプット・オプションの価格を求めることができる。②式は，次の様に書き換えることができる。

$$ft(S, t) + r \cdot S \cdot fs(S, t) + \frac{1}{2} \cdot \partial^2 S^2 = \frac{\partial f}{\partial t} + fss(S, t) = r \cdot fs(S, t)$$

　次に，$fs(S, t)$，$ft(S, t)$，$fss(S, t)$ の各々につき，合成関数の微分方程式を用い，さらに $f(S, t) = e^{-rx} \cdot y(u, x)$ を代入すると，ブラック・ショールズ微分方程式（式②）は，$yuu(u, x) - \frac{2}{\partial^2} \cdot yx(u, x) = 0$ となる。この時，境界条件は，$y(u, 0) = X \cdot (e^u - 1) \ldots u \geq 0$，および $y(u, 0) = 0 \ldots u < 0$ である。

　ここで，この偏微分方程式につき，変形分離法を利用すると，$y = (C(k) \cdot \cos ku + D(k) \cdot \sin ku) \cdot e - \frac{\sigma^2 k^2 x}{2} dk$ となり，これの解をすべての $k(0 \le k < \infty)$ について重ね合わせた関数である下式も，偏微分方程式の解になる。

$$\int_0^{+\infty} (C(k) \cdot \cos ku + D(k) \cdot \sin ku) \cdot e - \frac{\sigma^2 k^2 x}{2} dk$$
$$\therefore y(u, x) = \int_0^{+\infty} (C(k) \cdot \cos ku + D(k) \cdot \sin ku) \cdot e - \frac{\sigma^2 k^2 x}{2} dk \cdots ③$$

　そして $x = 0$，$y(u, 0) = g(u)$ とおくと，$g(u) = \int_0^{+\infty} (C(k) \cdot \cos ku + D(k) \cdot \sin ku) dk$ となる。この等式はフーリエ積分展開であるから，$C(k) = \frac{1}{\pi} \int_{-\infty}^{+\infty} g(u) \cdot \cos ku\, du$，$D(k) = \frac{1}{\pi} \int_{-\infty}^{+\infty} g(u) \cdot \sin ku\, du$ となる。したがって，これらを③式に代入してまとめると，次の式が導出される。

$$y(u, x) = \frac{1}{\sigma \sqrt{2\pi x}} \int_{-\infty}^{+\infty} g(a) \cdot e^{-\frac{1}{2}\left(\frac{a-u}{\sigma\sqrt{x}}\right)^2})da \cdots ④$$

　ここで，$v = \frac{a-u}{\sigma\sqrt{x}}$ とすると，$a = u + \sigma\sqrt{xv}$ であるため，境界条件の1つが次のようになる。
$$g(a) = g(u + \sigma\sqrt{xv}) = X \cdot (e^{u + \sigma\sqrt{xv}} - 1) \ldots v \ge \frac{u}{\sigma\sqrt{x}}$$

④式に $v = \frac{a-u}{\sigma\sqrt{x}}$ を代入すると，$y(u, x) = \frac{1}{\sigma\sqrt{2\pi x}} \int_{-\infty}^{+\infty} g(a) \cdot e^{\frac{-v2}{2}} da$
$$= \frac{1}{\sqrt{2\pi}} \int_{-\infty}^{+\infty} g(a) \cdot e^{\frac{-v2}{2}} dv$$

となる。そして，$g(a)$ 境界条件に注目すると，

$$y(u, x) = \frac{1}{\sqrt{2\pi}} \int_{-\frac{u}{\sigma\sqrt{x}}}^{+\infty} \left(X \cdot e^{u + \sigma\sqrt{xv}} - X\right) \cdot e^{\frac{-v2}{2}} dv$$ となる。そこでこれを展開すると，$y(u, x) = \frac{1}{\sqrt{2\pi}} \int_{-\frac{u}{\sigma\sqrt{x}}}^{+\infty} X \cdot e^{u + \sigma\sqrt{xv}} \cdot e^{\frac{-v2}{2}} dv - \frac{1}{\sqrt{2\pi}} \int_{-\frac{u}{\sigma\sqrt{x}}}^{+\infty} X \cdot e^{\frac{-v2}{2}} dv$ となる。右辺の第1項につき，$z = v - \sigma\sqrt{x}$ とし，右辺第2項につき $z = v$ とすれば，次の式が成立する。

$$y(u, x) = S \cdot e^{rx} \cdot \frac{1}{\sqrt{2\pi}} \int_{-\frac{u}{\sigma\sqrt{x}} - \sigma\sqrt{x}}^{+\infty} e^{-\frac{z^2}{2}} dz - X \cdot \frac{1}{\sqrt{2\pi}} \int_{-\frac{u}{\sigma\sqrt{x}}}^{+\infty} X \cdot e^{\frac{-v2}{2}} dz$$

また, $\frac{1}{\sqrt{2\pi}} \int_{-\frac{u}{\sigma\sqrt{x}} - \sigma\sqrt{x}}^{+\infty} e^{\frac{-v2}{2}} dz = N(\frac{u}{\sigma\sqrt{x}} + \sigma\sqrt{x})$ であり, $\frac{1}{\sqrt{2\pi}} \int_{-\frac{u}{\sigma\sqrt{x}}}^{+\infty} X \cdot e^{\frac{-v2}{2}} dz = N(\frac{u}{\sigma\sqrt{x}})$ である。

したがって, $y(u, x) = S \cdot e^{rx} \cdot N(\frac{u}{\sigma\sqrt{x}} + \sigma\sqrt{x}) - X \cdot N(\frac{u}{\sigma\sqrt{x}})$ となる。これをブラック・ショールズの偏微分の解である $f(S, t) = e^{-rx} \cdot y(u, t)$ に代入すると

$$f(S, t) = S \cdot N\left(\frac{u}{\sigma\sqrt{x}} + \sigma\sqrt{x}\right) - X \cdot e^{-rx} \cdot N\left(\frac{u}{\sigma\sqrt{x}}\right)$$

(ただし $u = \log\frac{S}{X} + \left(r - \frac{\sigma^2}{2}\right)x$) のブラック・ショールズ公式が導出される。

この公式の各パラメタにつき, S に現在株価, X に権利行使価格, x に期間 (例えば現時点と満期日の期間が2ヶ月とすれば $\frac{2}{12} = 0.1667$), σ にボラティリティ, r に非危険利子率をインプットすれば, オプション・プレミアムの価格が算出される。

「ボラティリティ・スマイル」の存在による測定値の「信頼性」低下

以上に示されたブラック・ショールズ・モデルにおいては, ボラティリティ値のみが, 測定者の推定により設定されるインプットである。そして当該推定値として, インプライド・ボラティリティ (以下, I・V) が計算され, これがモデルにインプットされる。I・Vは, ブラック・ショールズ・モデルを用い, 現時点で成立しているオプション・プレミアム価格から逆算して求める数値であり, 現時点で成立している諸変数から, 逆に人々が想定しているであろうボラティリティの水準を推定するものである (小林 [2003], 88頁)。

そして, これまでの金融工学の研究では, ブラック・ショールズ・モデルがボラティリティ値を一定と仮定するにもかかわらず, I・Vが一定値とならないことが実証されている。当該研究の信憑性が高いとすれば, ブラック・ショールズ・モデルのインプットであるボラティリティが, 実際の値と乖離している可能性が高まる。この時, 測定されたオプション・プレミアム価額の「信頼性」

の度合が問題となる。

　谷川 [2005] では，わが国のオプション取引における「ボラティリティ・スマイル」の有無が検証されている。設定モデルは以下のとおりであり，ブラック・ショールズ・モデルではボラティリティを定数と仮定するため，帰無仮説は$b_0 = b_1 = b_2 = 0$である（谷川 [2005]，182頁）。

(1) $I \cdot V = b_0 + b_1 M + b_2 M^2 + \varepsilon$

(2) $I \cdot V = b_0 + b_1 LN(M) + b_2 LN(M)^2 + \varepsilon$

　　（M：マネネス（原資産価格／行使価格），LN；自然対数）

表1

(1) $IV = b_0 + b_1 M + b_2 M^2 + \varepsilon$				
	定数項	M	M^2	R^2
年　　　間	1.791	-3.176	1.615	0.072
6月-12月	1.249	-2.114	1.099	0.071
(2) $IV = b_0 + b_1 LM(M) + b_2 LM(M)^2 + \varepsilon$				
	定数項	LM(M)	$LM(M)^2$	R^2
年　　　間	0.230	0.077	1.723	0.077
6月-12月	0.233	0.099	1.211	0.075

出所：谷川[2005]，181頁に基づき作成。

　そして，検証結果は表1のとおりであり，1％の有意水準で，ゼロとならない結果となっている（同上，181頁）。さらに，モデル（1）および（2）において，二次項b_2がいずれも正の値であるため，下に凸の二次関数曲線に近似した関係，即ち「ボラティリティ・スマイル」の状態を想定することができる。この結果からは，ボラティリティを定数とするブラック・ショールズ・モデルの前提条件が棄却されることになる。

　この様な「ボラティリティ・スマイル」の存在は, ボラティリティを一定と
するブラック・ショールズ・モデルの仮定が, 現実には近似としても成立して
いないことを意味する（同上, 173頁）。したがって, Ｉ・Ｖ自体が妥当な数値で
あると断定できず, ブラック・ショールズ・モデルにＩ・Ｖをインプットして
得られる公正価値測定値には,「信頼性」への懸念事項が含まれることになる。

将来株価分布を対数正規分布と仮定したことによる測定値の「信頼性」低下

　上述のとおり, ブラック・ショールズ・モデルでは, 将来時点における株価
の分布が, 今日の値に基づいた対数正規分布になると仮定されている。コー
ル・オプションの価格 $f(S, t) = \log S$ の動きとしての df を求め, そこからブラッ
ク・ショールズ微分方程式が設定され, これを解くことによりブラック・ショー
ルズ公式が導出される。ところが, この様な分布を仮定して構築されたモデル
に対しては, アット・ザ・マネーのオプションを正しく評価するが, イン・ザ・
マネーおよびアウト・オブ・ザ・マネーのオプションは正しく評価されないこ
とが, Hull [1991] において説明されている（Hull [1991], pp.488-489）。

表2

	ATT	Avon	Kodak	Exxon	IBM	Xerox
Out of the Money	-0.1	-0.07	-0.10	-0.09	-0.83	-0.00
In the Money	0.19	0.10	0.49	0.06	1.09	0.19

出所：Macbeth&Merville [1979], p.1183に基づき作成。

　そこで, Macbeth&Mervilleはこの点を検証するため, 同じ時点で同一の株
式に対し異なるコール・オプションの分析を行っている（Macbeth&Merville
[1979], pp.1182-1183）。Macbeth&Mervilleが1975年12月31日から1976年12
月31日に各社のマーケット価格とブラック・ショールズ・モデルのオプション・
プレミアム価格の差額（単位：＄）を測定した結果が, 表2に示されている。
　表において, イン・ザ・マネーでは, マーケット価格がブラック・ショールズ・

モデル価格を上回り，アウト・オブ・ザ・マネーにおいては，マーケット価格がブラック・ショールズ・モデル価格を下回っている。したがって，上述した想定のとおり，ブラック・ショールズ・モデルでは，アウト・オブ・ザ・マネーのコール・オプションが高く評価され，イン・ザ・マネーのコール・オプションが低く評価される特質が明らかとなる。この分析結果から，将来の株価が対数正規分布すると仮定して構築されたブラック・ショールズ・モデルでは，測定値において「信頼性」の問題が生じることになる。

ブラック・ショールズ・モデルを用いて計算される測定値の「信頼性」の限界

　上述のとおり，ブラック・ショールズ・モデルでは，株価の時系列の動きが，傾きaの直線と，ウィーナー過程（ランダム・ウォークの極限の動き）との合体によって推移すると仮定されている（石村・石村 [2008]，122-123頁）。株価は，伊藤過程に従う株価のモデル式 $\frac{dS}{S} = \mu \cdot dt + \sigma \cdot dZ$ が前提となっており，短期においてランダム・ウオークをしながら，長期には直線的な動きをする。したがって，モデルのインプットである株価 (S) も，長期の時系列において直線的となり，短期にはランダム・ウオークとなることが前提である。

　そしてそこでは，リーマンショックの状況のような，急激かつ大幅な株価下落を折り込んでいないことが明らかである。突然の株価暴落とその継続が測定時点の後に生じた場合には，株価の長期的直線性が崩れる可能性がある。こうしたケースでは，測定時点のオプション・プレミアム価格の「信頼性」において問題が生じることになる。

　また，ブラック・ショールズ・モデルでは，式にインプットされるボラティリティ値 (σ) が一定であると仮定されており，この点も測定値の「信頼性」と関わってくる。上記の先行研究（谷川 [2005]）が示すように，「ボラティリティ・スマイル」の存在によって，ボラティリティ値が必ずしも一定ではないことが明らかである。こうした条件が，ブラック・ショールズ・モデルで算出されるオプション・プレミアム価格の「信頼性」に影響を及ぼすことになる。

　さらに上記では，ブラック・ショールズ・モデルの制約事項として，将来時

点における株価の分布が対数正規分布であることが説明されている。ブラック・ショールズ・モデル公式は，オプションの価格$f(S, t) = logS$の動きとしてのdfを求め，そこからブラック・ショールズ微分方程式が設定され，これを解くことにより導出される。このような，将来の株価が対数正規分布するものと仮定して構築されたモデルに対しては，既に見たとおり，イン・ザ・マネーとアウト・オブ・ザ・マネーのオプションは正しく評価できない傾向が，指摘されている。

　以上のように，測定技法としてのブラック・ショールズ・モデルの前提条件には，複数の問題点が含まれている。そのため，契約期間中の期末に計算されたオプション・プレミアムの価格が，決済時に大きく変動している可能性がある。したがって，当該モデルにより計算されたオプション・プレミアムの価格は，「信頼性」の点で重大な問題があると判断することができる。

補論B　二項モデルを用いた測定値の「信頼性」の問題

　次に，ここでは，公正価値ヒエラルキーがレベル2のインプットを用いる測定技法である，二項モデルの概要を説明する。そして，当該測定値の特質と内在する限界を明らかにする。これにより，測定値の「信頼性」の度合を分析する。

二項モデルを用いたオプション評価のプロセス

　二項モデルは，株価の変動が，長さΔtの微小期間で2通りの値になると仮定するものである。ここでは，Hull [1991] に基づいて，二項モデルによるオプション評価プロセスの概要を説明する（以下では，Hull [1991]，三菱銀行商品開発部訳 [1995] からの引用について，本文中のカッコ内に頁を記載する）。

　まず，オプション期間を長さΔtの微小期間に分割し，各区間で株価SからSuかSdに変動すると仮定して，SからSuへの変動は株価上昇，SからSdへの変動は株価下落と捉える（460頁）。そして，上昇変動の確立をp，下落変動の確立を1－pと仮定すると，二項モデルの区間Δtにおける株式変動は，図1のように表すことができる（460頁）。

図1　二項モデルのΔtにおける株式変動

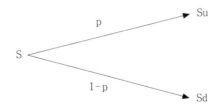

出所：Hull [1991]，三菱銀行商品開発部訳 [1995]，460頁。

そして二項モデルを用いた場合には，起こりうる株価が格子状に表され，以

下の特質が含まれたものとなる（461-462頁）。

・時点0で株価Sは既知である。
・時点Δtでの株価は、SuとSdの二つの可能性があり、時点2ΔtではSu^{2}と
　SとSd^{2}の三つの可能性がある。
・したがって，時点iΔtではi+1個の株価が想定される。
・各時点の株価は，Su^{j}d$^{i\text{-}j}$（j=0, 1,・・・・i）と表すことができる。

　以上の前提のもとで，オプションの価額の評価につき，格子構造の末端を起点として始点に逆算していく。時点Tでのオプションの価値は既知であり，末端Tの株価をStとし，行使価格をXとすると，プット・オプションの価値はmax（X-St, 0），コール・オプションの価値はmax（St-X, 0）となる（462頁）。ここでは，リスク・ニュートラルが仮定されているので，時点T-Δtにおける各格子点でのオプション価値は，時点Tにおける期待値を，金利rでΔt期間だけ割引いて計算される（462-463頁）。

　例えばアメリカン・プット・オプションで，期間が長さΔtのN個の微小期間に分割されている場合，時点iΔtにおける格子点（i, j）でのオプション価格が$f$ij = max（X-St, 0）であるため，

$$f\text{ij} = [\max X - \text{Su}^j \text{d}^{N\text{-}j},\ 0]\ (j=0,\ 1,\ \cdot\cdot\cdot\cdot N)$$

となる（465頁）。ここで，時点iΔtにおける格子点（i, j）から時点（i + 1）Δtにおける格子点（i + 1, j + 1）に移る確率をpとすると，時点iΔtにおける格子点（i, j）から時点（i + 1）Δtにおける格子点（i + 1, j）に移る確率は1 - pとなる（466頁）。そこで，期前行使がないと仮定すれば，リスク・ニュートラル評価から次式が与えられる（466頁）。

$$f\text{ij} = e^{-r\Delta t}\ [p f\text{i+1, j+1} + (1\text{-}p)\ f\text{i+1, j}]$$

　また，期前行使を考慮した場合，$f$ijはオプションの本源的価値と比較する必要があり，これは次式のように表される（466頁）。

$$f\text{ij} = \{\max X - \text{Su}^j \text{d}^{i\text{-}j},\ e^{-r\Delta t}\ [p f\text{i+1, j+1} + (1\text{-}p)\ f\text{i+1, j}]\}$$

二項モデルによるオプション価格の計算例

　次に，二項モデルによるオプション価格の計算例を示す（以下の計算例は、Hull[1991]，三菱銀行商品開発部訳[1995]，463-465頁）。株式の5ヶ月アメリカン・プット・オプション，現在価格50，行使価格50，非危険利子率10％，ボラティリティ40％とする。満期までの期間を1ヶ月（$\Delta t = 0.0833$）の5期間に分割する。即ち，S=50，X = 50，r = 0.1，σ =0.4，とする。そして，オプション価格の計算においては，次のu, d, a, pおよび1 − pを求める。

$$u = e^{\sigma\sqrt{\Delta t}} = 1.1224$$
$$d = e^{-\sigma\sqrt{\Delta t}} = 0.8909$$
$$a = e^{r\Delta t} = 1.0084$$
$$p \frac{a-d}{u-d} = 0.5076$$
$$1-p = 0.4924$$

　この時，pは上昇の確率であり，ここでは常に0.5076である。また，1 − pは下落の確率であり，常に0.4924となる。時点$i\Delta t$におけるj番目の格子点の株価は，$S \cdot u^j \cdot d^{i-j}$で計算できる。したがって，例えば格子点 (i=4, j=1) の株価は，$50 \times 1.1224^1 \times 0.8909^3 = 39.69$となる。そして，最後の格子点におけるオプション価格は，max (X−St, 0) である。

　次に，最後から2番目の格子点のオプション価格は，最後の格子点におけるオプション価格から計算される。格子点BおよびCを最後の格子点とし，最後から2番目の格子点をAとすると，図2のように表される。

図2　最後から2番目の格子点の株価とオプション価格

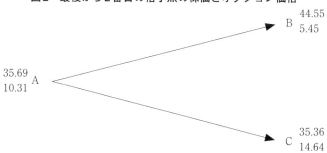

そこで，格子点Aのオプション価格は，

$$(0.5076 \times 5.45 + 0.4924 \times 14.64)e^{-0.1 \times 0.0833} = 9.90$$

となる（464頁）。しかしここで，もしオプションが行使されれば，50 − 39.69＝10.31 となり，9.90より大きくなる。したがって，格子点Aにおいてはオプションが行使されることになるため，オプション価格は10.31となる。このようにして，格子構造を順次戻っていくことにより，初期のオプション価格を求めることができる。

二項モデルの「変量コントロール法」によるオプション価格の計算

また，二項モデルにおいては，「変量コントロール法」(control variate technique) の手法により，アメリカン・オプション価格測定の精度を向上させることができる。この方法は，アメリカン・オプションとこれに対応するヨーロピアン・オプションの両方に対し，同じ格子構造で評価を行うものである（475頁）。アメリカン・オプションの算定価格に含まれる誤差がヨーロピアン・オプションのそれと密接に関連しているため，この関係をアメリカン・オプションの価格の算定値改善に利用することができる（475-476頁）。まず，各方法によるオプション価格を次のように定義する。

f_A：ツリーから計算されるアメリカン・オプションの価格

f_E：ツリーから計算されるヨーロピアン・オプションの価格

f_{BS}：ブラック・ショールズ式によるヨーロピアン・オプションの価格

すると，アメリカン・オプション価格の算定値（改善された数値）は，次のように示される（476頁）。

$$f_A + f_{BS} - f_E$$

例えば，アメリカン・プット・オプション（S=50, X = 50, r = 0.10, σ = 0.40, T = 0.4617）の価格は4.48ドルであり，これに対応するヨーロピアン・オプションの価格が4.31ドルとなる（476頁）。またブラック・ショールズ・モデル式に

よれば，ヨーロピアンの価格は4.08ドルとなる。したがって，アメリカン・オプションの変量コントロール法での算定値は，4.48 + 4.08 − 4.31 = 4.25となる（477頁）。

二項モデルによるオプション評価の限界

次に，以上で説明された，二項モデルによるオプション・プレミアム価格の測定の限界につき，先行研究を援用して考察する。

Hull&White [1988] においては，上述の「二項モデル・変量コントロール法」を用いて，アメリカン・プット・オプション価格の評価と分析が行われている（Hull&White [1988], pp.245-246）。そこでは，現在価格S_0= 40，行使価格X= 35，時点T=0.5833，非危険利子率r=0.0488，ボラティリティσ =0.2としてオプション・プレミアムの価格が計算され，下表のようにまとめられている。他方，Hull&White [1988] では，Nを500として二項モデル（但しCRR二項モデル）で計算された0.433が，多くの研究者により確認された真の値（the true value）であるとしている（p.245）。

表1

N	CB	ĊB	ĊA	̈ĊA
1	0.417	0.3728	0.3728	0.417
5	0.417	0.4785	0.4884	0.4269
10	0.417	0.4412	0.4531	0.4287
15	0.417	0.4182	0.4319	0.4306
20	0.417	0.4072	0.4276	0.4374
25	0.417	0.4271	0.4437	0.4336
50	0.417	0.4141	0.4302	0.4331
75	0.417	0.4192	0.4348	0.4325
100	0.417	0.4195	0.4351	0.4326

Hull&White [1988] , p.246.

表1に示された項目は次のとおりである。

　N：分割期間の総数

CB：同じパラメタをインプットしてブラック・ショールズ・モデルで計算
　　したヨーロピアン・プット・オプションの価格

$\dot{C}B$：二項モデルで計算したヨーロピアン・プット・オプションの価格

$\dot{C}A$：二項モデルで計算したアメリカン・プット・オプションの価格

$\dot{C}A$：変量コントロール法で計算したアメリカン・プット・オプションの価
　　格CB ＋（$\dot{C}A$ － $\dot{C}B$）

表1を見ると，$\dot{C}A$の値は，Nの増加に伴って真の値である0.433に近づくことが確認できる（p.245）。また，ヨーロピアン・プット・オプション$\dot{C}B$の値も，Nが増加すれば0.471，即ちブラック・ショールズ・モデルで算出された値に近づいていることがわかる。さらには，$\dot{C}A$の値，即ち「変量コントロール法」で計算された値は，Nの増加に伴って$\dot{C}A$よりも早く真の値0.433に近づいている。

　以上の分析を見れば，二項モデルによるオプション・プレミアム価格の測定においては，Nの値，即ち分割期間の総数を増やせば増やすほど，測定値が真の値に近づくことが明らかとなる。しかしこのことは，モデルによるオプション評価の限界を示すものでもある。Nを増やせばそれだけ真の値に近づき，会計情報としての「信頼性」の度合が増加するが，計算の作業も増大するというトレード・オフが生じることになる。したがってこのことが，二項モデルによるオプション評価の限界を示す事項と判断することができる。

第4章　「比較制度分析」による公正価値会計への　制度変化の要因分析

1．はじめに　——本章の考察目的——

　すでに第1章で述べられたとおり，本研究は，原価会計から公正価値会計へと「制度」(institution) が変化した要因を，経済学の分析ツールである「比較制度分析」(comparative institutional analysis) によって明らかにし，原価会計に対する公正価値会計の相対的な有用性，優位性の有無につき分析することを目的とする。

　そして第2章では，公正価値会計制度に内在する「信頼性」(reliability) の欠如の問題点が顕現化された。次いで第3章では，当該問題点に対する目標仮説として，「特定の社会的要因の存在により，企業への資金提供者にとっては，原価会計よりも公正価値会計の方が，意思決定に有用な情報を獲得することができる。」が設定されている。これを受けて，第5章から第7章において，「比較制度分析」を構成するゲーム理論および契約理論を用いた規範演繹的研究により，この仮説の妥当性が検証されることになる。

　本章ではこれに先立ち，「比較制度分析」の観点から「制度」とは何であるかを説明し，如何なるメカニズムによってこれが変化していくかを考察する。目標仮説に含意される，原価会計に対する公正価値会計の優位性有無を規範演繹的に検証するために，まず，公正価値会計へと「制度」が変化した経済学的事由を明らかにするわけである。

　以下では，最初に，経済学の分析ツールとしての「比較制度分析」おける経済
システムの観方，および当該システムである会計「制度」の変化の考察におい
てこれを援用する意義を説明する（第2節）。続いて，「比較制度分析」の観点に
より，「制度」の形成と変化の基本メカニズムを明らかにする（第3節）。そのう
えで，「比較制度分析」の先行研究を援用しながら，公正価値会計へと「制度」
が変化して行った要因を分析する（第4節）。

2．会計制度の変化の分析ツールとして
「比較制度分析」を援用する意義

　本節では，原価会計から公正価値会計への制度変化の要因分析を行うため，
社会制度の変化要因を分析する経済学のツールである「比較制度分析」におい
て，一つの国の経済（以降，経済システムと記す場合がある）に対してどの様な観
方がされているかを説明する。そのうえで，企業会計制度の変化要因の分析に
「比較制度分析」を援用する意義について明らかにする。

2．1 「比較制度分析」における経済システムの観方

2．1．1 経済システムを「制度の集積」と捉える観方

　一つの国の経済システムを，さまざまな「制度」の集まりとして捉えること
で，当該システムの多様性とダイナミズムを分析しようとする経済学の分野
を「比較制度分析」と呼ぶ（青木・奥野編［1996］，1頁）。ここにおいて定着して
いる主な観点は，①どのような制度配置が社会の内部に成立しているかによ
り様々な資本主義経済システムが存在し得ること（資本主義経済システムの多様
性），②社会における特定の行動パターンが普遍的になる程それを選ぶのが戦
略的に有利となるため1つの制度が安定的な仕組みへと帰結すること（制度の
持つ「戦略的補完性」）である。（同上，2頁）。

　近年の経済学においては，新古典派経済学の分野が研究を牽引してきた経緯
があると言われ，そこではおもに，①資本・労働・土地などの生産要素の保有
状況，②生産要素と最終生産物との間の投入産出関係を規定する技術，③消費

者の選好の特定，によって経済環境が決定される（同上，21頁）。そして当該環境において，どのようなメカニズムで資源配分が達成されるかが分析されることになる（同上，21頁）。

　ただしそこでは，資源配分のための制度として「市場」のみが考えられており，経済において多様なシステムが展開し得るという視座の欠如も問題点として指摘されている（同上，22-23頁）。つまり新古典派経済学のもとでは，すべての「市場」が一定の理論的条件下に置かれているという前提のもとで，パレート効率性の意味で望ましい資源配分が達成されてワルラス均衡が実現するという指向が採られることに，問題が存在するわけである（同上，22頁）。

　現実の経済においては，新古典派経済学のモデルが示す社会とは様相の異なる部分があり，具体的には，「制度」が影響を及ぼす状況もしくはその逆の状況が生じることがある（同上，23頁）。そこで，経済システムの実相形成に「制度」が深く関わっていくと見るべきであり，「制度」が集積することにより経済システムが機能するという観方が，経済学研究においては必要と考えられる。

2．1．2　経済システムに「安定性」と「変容性」が内在するという観方

　このように「比較制度分析」のもとでは，経済システムを「制度」の集まりと考え，経済システムの多様性とダイナミズムの分析が行われる。そして「比較制度分析」においては，「制度」に安定性・固定性があること，他方でそれには可変性・進化可能性も存在することを前提としたうえで，①現行の制度がなぜ安定的に機能しているか，②安定的であるはずの制度がどの様な要因で変容するかの分析が行われる（同上，24頁）。即ち，「制度」の「安定性」と「変容性」の二面的分析が，研究の主たる目的となる。

　まず，「制度」の「安定性」の側面について説明すると，社会における法的制度および自主的制度においては，大部分の人々がそれに従う限り個人的インセンティブが生じるという仮説のもとで，自己拘束的な行動パターンが広く生じる可能性が高いとされる[1]。そしてこれにより，「制度」が安定的となる。現実社会の構成メンバーでありプレイヤーである個々人は，合理性を認識しつつも，それに基づいてプレーをするとは限らない（同上，276頁）。それよりむしろ，

完全に合理的ではないプレイヤーが，少ない情報の下で利得最大化行動をとるという仮定に基づいて帰着するナッシュ均衡が，「比較制度分析」においては正当化される（同上，277頁）。

　そこで，個々がこうした自己拘束的行動を取ることにより，一度実現した「制度」が容易に変更されにくい状況が生まれることになる[2]。「比較制度分析」では，この様な特質を持つ経済システム内の「制度」の定義を，「政治・経済・社会などの領域で戦略的な相互作用をするうちに浮かび上がり，だれにでも受け取られるようになった自己拘束的なルール」[3]としている。

　そして，「比較制度分析」が「制度」を以上の様に観るのは，「進化ゲーム」理論の発想に影響されたためと考えられている（同上，35頁）。その発想においては，自ら置かれている利害状況を正確には知り得ず，最適行動を特定する能力にも限界があるという「限定合理性」を持つ経済主体が，最も有利と思われる戦略を徐々に模倣していくことによって到達する状態が，経済における安定的な均衡であると考える[4]。現実の社会がどのような状況で社会が成立しているかを個々が知り，かつそれに応じて利得最大化行動をとったならば，当該状況こそが，社会における定着ルールになると，当該理論では解するのである（同上，277頁）。

　ただし，以上のような特質を持つ「進化ゲーム」は，同時に「変容性」の側面も持ち合わせている。「比較制度分析」の観点では，社会の戦略分布が徐々に調整されていく「慣性」，および戦略を変更する際に現在の戦略分布を前提としそれに対する最適な戦略を選択する「近視眼」の2つの要素が想定されている（同上，279頁）。それぞれの内容は，図表1に示されるとおりである。

　これを見ると，「安定性」を持つ主体を構成メンバーとする経済社会においては，急激な制度変化が起こりにくいことが明らかである。「慣性」と「近視眼」の存在により，急激な「制度」の変化は起こりにくく，とりわけ，より良い「制度」へのダイナミックな変化は生じにくいことがわかる。

図表1　「変容性」の要素である「慣性」と「近視眼」

限定合理性の要素	内　　容
慣　　性	・プレイヤーは毎期特定の戦略をもってゲームに臨むが，戦略変更にコストを伴うことから，すべての人々が毎期戦略を変更するとは限らない。 ・当該状況で，社会の分布が徐々に調整される世界を想定する。
近　視　眼	・人が戦略を変更するとき，現在の戦略分布を安定的所与としたうえで，それに対する最適な戦略の一つに変更する。 ・戦略分布が徐々にしか変化しない「慣性」が機能する社会において，近視眼的行動が合理的となる。

出所：青木・奥野編［1996］，279頁参照。

　そこで，「比較制度分析」の先行研究では，より良い制度に向けて変化していくという，「制度」の「変容性」の側面について重要視し，それへの移行に繋がる3つのメカニズムを示している（以下の3点は，同上，288頁）。その第1は，革新・創造・実験の存在によって社会がパレート劣位な状態から抜け出してより良い「制度」へと移行するものであり，第2は，政府による政策的介入によって人々の行動を変化させるものである。そして第3は，異なる慣習を持つ社会との接触・交流により制度変化を促進させるものである。こうしたメカニズムは，「自己拘束性」と「限定合理性」が内在して「制度」が容易に変化しにくい経済社会において，これを打開する要因が作用して変容が生じるプロセスの発現といえる（これらのメカニズムについては，第4節であらためて説明する）。

2．2　会計制度の変化の分析に「比較制度分析」を用いる意義

　以上で説明された特質を持つ「比較制度分析」は，これまで経済学や経営学の研究において，「制度」の分析に援用されてきた。そこで，これらの研究領域と隣接する会計学においても，当該援用が有効になると考えられる。

　金融商品会計について見ると，原価から公正価値へと評価の基準が変化したが，これが経済社会に与えたインパクトは決して小さいものではなかった。そこにおいて，投資家や債権者など，会計制度に関与するメンバーは，自ら置かれている利害状況を正確には知り得ず，最適行動を特定する能力に限界がある「限定合理的」な経済主体と考えられる。そこで，こうしたメンバーで構成される社会では，「慣性」および「近視眼」の要素の内在が想定できるため，「進化ゲーム」を淵源とする「比較制度分析」を援用することにより，社会における定着ルールである「制度」への変化のメカニズムを明らかにすることができる。

　また，会計制度変化のメカニズム解明につき，先駆的に「比較制度分析」を援用した研究を示した藤井［2007］では，社会における特定の行動パターンが普遍的になればなる程それを選ぶことが戦略的に有利になること，即ち「制度」の持つ「戦略的補完性」の存在が重要になると指摘されている（同上，2頁）。当該特質の社会的作用を現実に当てはめれば，原価会計よりも公正価値会計に一層の意思決定有用性を見出すという行動パターンが普遍化して，「制度」の変化に結実したと見ることができる。こうした変化のメカニズムが，「比較制度分析」を援用することで解明されるのである。

　さらに，「比較制度分析」を援用する意義について，本研究の方法論との整合性の点から述べておく。本研究は，公正価値会計制度の「信頼性」欠如の問題に対する当為から「目標仮説」を設定し，規範演繹的考察によってその妥当性を検証するものである。これに対し「比較制度分析」は，特定の前提ルールのもとで演繹的分析が行われるゲーム理論や契約理論が主たる分析ツールとしている（中林・石黒編［2010］，3頁）。したがって，研究の分析ツールとして「比較制度分析」を援用することは，「目標仮説」の妥当性検証を規範演繹的に行うことと整合するものといえる。かかる点からも，本研究に「比較制度分析」を用いる意義を確認することができる。

3. 「比較制度分析」で明らかとなる制度の形成と変化の基本メカニズム

　以上のとおり，「比較制度分析」とは，急激な変化が起こりにくく安定的でありながらも変容の誘発要素が伏在する「制度」を研究対象とし，当該変容のメカニズムを分析する研究ツールということができる。本節では「比較制度分析」の観点に依拠し，経済社会の「制度」が如何なるプロセスで形成され変化して行くのか，その基本メカニズムを確認する。

　今，ある社会の構成員n名全員が社会的に活動していて生じ得る状態の集合をAとし，この集合Aのなかからどのような状態が実現するかにより各構成員の利得が決まるものとする（中林・石黒編 [2010]，8頁）。しかしそこでは，各構成員の情報処理能力が有限であるため，ある状態aが生じると，各個人i=1, 2…nは，可能な状態集合Aのうち，ある特定の部分集合Pi (a) が確率1で生じたと認識するようになる（同上，8頁）。そのうえで個人iは，自身の利得を最大化する次の一手を，状態群Pi (a) の出現を前提として選ぶ（同上，8頁）。

　つまり，状態aが生じると，各構成員はPi (a) の出現を認識するため，Pi (a) はn個存在することになり，P₁ (a) からPn (a) のすべてを含む集合m (a) が出現することになる（同上，8頁）。このm (a) を「相互知識」(mutual knowledge) と呼ぶことにすると，すべての個人において，今の状態はm (a) のなかにあるという知識が形成される（同上，9頁）。ただし，「共有知識」(common knowledge) として，他人もそう信じていることを知っている状態には未だ至っていない。

　そして，「すべての他人もm (a) と信じていることをすべての人が知っている」という状況は，次のプロセスによって創り出される（同上，9頁）。

① 　この社会において繰り返し生じている状態を表現する命題Pが公的に知られているとする（Pの成立が相互知識となっている）。

② 　これまでの繰り返しの経験と観察から，すべての個人は，Pの内容により起こりうる状態はm (a) にあると推察する。

③　全ての個々人は，全ての他人もまたPが成立していると信じていると確信できるものとする。

ここで，③を②に繰り返し適用し，かつすべての個人が②にあるような推論を共有していると仮定するならば，Pを媒介として，人々は要約された社会状態m（a）を，共有知識として持つことになる（同上，9頁）。

このような，社会に生じている状態と個人の信念を媒介する命題Pを「制度の実質的形態」と呼ぶ（同上，10頁）。これは，利得関係に基づく個人の行動の戦略的行動の繰り返しゲームにより，ナッシュ均衡として形成されるものである。そして，当該状況からは，社会的状態を要約した共通に理解可能な言語表現（公的な言語表現）が形成されることになり，当該表現が体系化されたものが「制度」として定着していく。以上の，旧制度からの移行を含む，「制度」形成プロセスを概略的に示したのが図表2である。

図表2　経済社会の「制度」形成プロセス

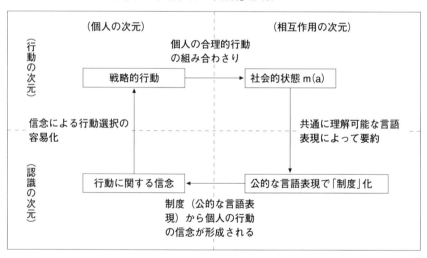

出所：中林・石黒編［2010］，9頁を参照して作成。

そこで，会計制度（の一部）が公正価値評価へと変化したプロセスにつき，図

表2に引寄せて考えれば，社会における多くの「資金提供者」による，公正価値評価に基づく収益を含んだ情報開示への要請（個々の信念に基づく戦略的行動）が「制度の実質的形態」であり，これが繰り返し観察されて，一つの社会的状態 m (a) が形成される。当該状態においては，公正価値評価に有用性が存在するという共通知識を，人々が持つことになる。そして，こうした知識を要約した公的な言語表現として，公正価値評価を盛込んだ会計基準が整備され，「制度」として定着していくことになる。

4．公正価値会計への制度変化のメカニズム

　以上により，経済社会に対する「比較制度分析」の観点と，制度形成・変化の基本メカニズムが説明された。そして，限定合理的な主体が構成メンバーである経済社会においては急激な「制度」の変容が起こりにくいこと，および当該社会において構成メンバーの戦略的行動の繰り返しゲームによるナッシュ均衡状態を要約した共通的言語表現が「制度」であること，の2点が明らかとなった。次に，より良い「制度」に向けて変容していく3つのメカニズムの存在が示された。第1は，革新・創造・実験の存在により社会がパレート劣位な状態から脱出できること，第2は，政府による政策的介入によって人々の行動を変化させるのが可能であること，第3は，異なる慣習を持つ社会との接触・交流により制度変化を促進できること，である。これらを会計制度に引き寄せれば，それぞれを①公正価値会計を選択することで高い利得を獲得しようとするプレイヤーを系統的に育成すること，②政府の介入によって公正価値会計選択と原価会計選択の利得の格差を拡大させること，③公正価値会計が進化安定的戦略として定着している社会との接触・交流を促進すること，に見立てることができる（藤井 [2007], 192頁）。本節では，より良い「制度」としての公正価値会計に変化する上記の3メカニズムにつき，その内容を具体的に説明する（ここでは青木・奥野編 [1996] からの引用については，文中にページのみが記される）。

4．1　「公正価値会計選好者の拡大」による制度変化

パレート劣位でありながら成立している「制度」が変化する条件の1つ目は，公正価値会計を選好するプレイヤーを系統的に育成するなどして，その数を拡大させることである（藤井［2007］，192頁）。

今，10人の社会を想定し，各人が残りの一人一人と当たる確率がすべて等しいランダム・マッチング・ゲームを毎期（t = 1,2,…）に行うこととし，その利得は図表4（右）の状態であることとする（288-289頁）。またこのゲームでは，経路依存性が作用し，初期状態によって全員が公正価値会計を選好する均衡と，全員が原価会計を選好する均衡に分かれることを前提とする（289頁）。

ここで，図表4（右）において，公正価値会計を選択するプレイヤーの割合をpとすると，公正価値選択の利得は2p，原価選択の利得は1－pとなり，公正価値会計が原価会計より大きな利得となる条件は，2p－（1－p）＞0，すなわちp＞1／3である（289頁）[5]。つまり，p＞1／3の時に公正価値会計，p＜1／3の時に原価会計が最適反応となり，それぞれ，全員が公正価値会計をとる均衡（p＝1）と全員が原価会計をとる均衡（p＝0）へと収束していく（289頁）。

次に，以上のような状態（図表4右の利得）から，何らかの突然変異が生じるケースを想定する。各プレイヤーは，毎期 ε の確率で突然変異を起こし，公正価値会計と原価会計とを決められた確率に従って選択することとし，また1－ ε の確率で，通常の合理的選択に従って行動を変更するものとする（289頁）。今，社会が原価会計を「制度」としているならば，公正価値会計に移行する最短の方法は，4人が同時に突然変異を起こすことであり，その確率は ε^4 である[6]。これに対し，公正価値会計から原価会計に「制度」が移行するためには，最低でも7人が同時に突然変異を起こす必要があり，その確率は ε^7 である。

そして， ε を十分に小さくして0に近づけていくと，「制度」が変化する確率も0に近づくが，公正価値会計から原価会計に移行する確率の方が，その逆の確率よりも，早い速度で0に近づくことになる（289-290頁）。つまり，突然変異の確率を小さくしていくと，長期的にはパレート効率的な公正価値会計となって均衡が成立することになる（290頁）。

　したがって以上のアプローチからは，社会が，「制度」の革新・創造・実験の存在によってパレート劣位な状態から脱却し，より良い「制度」へと移行してかつ安定化する可能性があることが明らかとなる（290頁）。そこで，公正価値会計を選択して高い利得を獲得しようとするプレイヤーを系統的に育成するなどして公正価値会計選好者の拡大を図ることができれば，当該「制度」への変化を達成することが可能となる。

4．2　「政府の介入」による制度変化

　パレート劣位の「制度」が変化する条件の2つ目は，政府による政策的介入によって，人々の行動を変化させることである（288頁）。

　例えば，政府は法律を施行し，原価会計を採用したプレイヤー「企業」に対し，罰金として利得3に相当する額を課した場合，ゲームの利得は図表3のように変化して，公正価値会計が支配戦略となり，社会全員が公正価値会計に従うことが唯一のナッシュ均衡となる（290頁）。一般的に見れば会計基準に罰則規定は存在しないが，別の法令等でこのような政策が施行されれば，政府の介入を有効な手段とすることができる。

図表3　ゲームの利得表

	公正価値会計	原価会計
公正価値会計	（2，2）	（0，3）
原価会計	（3，0）	（1，1）

⇒

	公正価値会計	原価会計
公正価値会計	（2，2）	（0，−3）
原価会計	（−3，0）	（−2，−2）

出所：青木・奥野編［1996］，289頁を参照し作成。

4．3　「公正価値会計が定着した社会との交流」による制度変化

　社会において，「制度」の「安定性」が作用してパレート劣位の状況のままであった場合につき，これが変化する3つ目の条件は，異なる慣習を持つ社会と

の接触・交流により制度変化を促進させることである。

図表4　ゲームの利得表 (社会A)

	公正価値会計	原価会計
公正価値会計	（2，2）	（3，0）
原価会計	（0，3）	（1，1）

	公正価値会計	原価会計
公正価値会計	（2，2）	（0，0）
原価会計	（0，0）	（1，1）

出所：青木・奥野編 [1996]，290頁を参照し作成。

　ある社会Aの会計制度につき，図表4（左）で示された利得が与えられ，環境変化によって図表4（右）に変化したことが上に示されている（291頁）。ここにおいては，自身が公正価値会計を志向し相手が原価会計を志向した場合に自身が優位であったが（3対0），社会環境の変化によって当該優位性が消滅したことが強調されている（0対0）。ただし，当初の環境下で公正価値会計が最適反応であったため，当該実務がそのまま継続されている。

図表5　2つの社会の人々が出会う確率

	社会J	社会A
社会J	N	$\beta(1-n)$
社会A	Bn	$1-n$

出所：青木・奥野編 [1996]，291頁。

　次に，以上の状態から，社会Aにおいて，図表3（左）の利得を与えられた社会Jと，様々な接触・交流が起こったとする。ここで，社会Jと社会Aの人口の合計に対する社会Jの人口の比率nを設定し，nが小さいときは社会Jが相対的

に小さく，nが大きいときはそれが相対的に大きいこととする（291頁）。さらに，パラメタ β を設定し，これを社会Jと社会Aの統合度合を表すものとすれば，図表5のように「行」の社会の構成員が「列」の社会の構成員と出会う確率が設定される[7]。

　そして，以上の設定ルールのもとで，社会Jは原価会計，社会Aは公正価値会計を制度設計の基礎としている状況（原価会計，公正価値会計）で両社会が接触・交流を始めたとする（初期条件）。この時，社会Jの人々にとって原価会計が最適となる条件は次のように表される（292頁）。

$$1n \geq 2\beta(1-n) \quad \Longleftrightarrow \quad \beta \leq \frac{n}{2(1-n)}$$

　左式の左辺は，社会Jで原価会計を採用する時の期待利得を表し，左式の右辺は，社会Jで公正価値会計を採用する時にもたらされる期待利得を表している。

　同様に考えると，社会Aの人々にとって公正価値会計が最適となる条件は，次のように表される（292頁）。

$$2(1-n) \geq \beta n \quad \Longleftrightarrow \quad \beta \leq \frac{2(1-n)}{n}$$

　したがって，以上の2条件式から図表6が導出され，かつそのような条件のもとでは，図中の領域（原価会計，公正価値会計）において，均衡が存在することになる（292-293頁）。

図表6　2つの社会の交流による制度変化過程

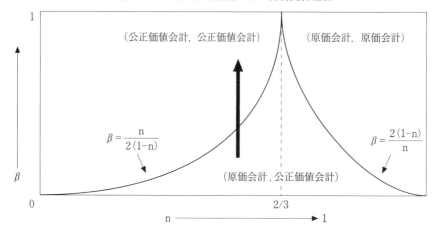

青木・奥野編［1996］，291頁を参照して作成。

　ここで，n＜2/3（社会Jが相対的に小さい）を仮定し，両社会の交流度合であるパラメタβが次第に大きくなって1に近づくとき，社会Jでは，原価会計が最適適応となるための条件式が成立しなくなり，公正価値会計を先行するメンバーが増えていく。即ち社会の交流が進むことで，構成メンバーが公正価値会計に従うという均衡に移行し，相対的に小さな社会Jは，その慣習を変化させていくことになる（図中の矢印）。逆にn＞2/3（社会Jが相対的に大きい）を仮定すれば，両社会とも原価会計に従う均衡へと移行することになる。

　以上で示された分析により，二つの社会の交流度合いや人口比率の如何によって，歴史的初期条件に規制された特定社会の制度が，別の均衡へと移行するメカニズムを推知することができる。ここでは，原価会計を「制度」としている社会が公正価値会計へと変化する条件が，公正価値会計が定着している，より人口が多い社会との接触が促進されることにあると結論付けられる。

5. お わ り に
——本章のまとめと次章以降への展開——

　以上により,「比較制度分析」の先行研究を援用しながら, わが国における
会計の「制度」が原価会計から公正価値会計へと変化した要因の分析が行われ
た。原価会計に対する「慣性」と「近視眼」が存在するわが国の経済社会におい
て, 公正価値会計を選考するプレイヤーが実際に拡大したことで, 当該「制度」
へ移行したと推察することができる。また, 人口の大きい社会, 具体的にはア
メリカやEU諸国との経済交流を受けて, わが国の共通認識が新たに形成され,
公正価値会計へと「制度」が変化したと考えることもできる。さらにこの「制
度」のもとで, 第1章・図1で説明されたとおり, 選考プレイヤーに「自己拘束
性」が生じ, 海外では普遍的ルールであることから「戦略的補実性」も作用する
ことになって, その頑健化が進んだといえる。

　既述のとおり, 本研究の目的は, 目標仮説「特定の社会的要因の存在により,
企業への資金提供者にとっては, 原価会計よりも公正価値会計の方が, 意思決
定に有用な情報を獲得することができる。」の妥当性を,「比較制度分析」に依
拠して検証することである。そして, 本章で公正価値会計への制度変化の要因
が示されたので, もし目標仮説が妥当性を欠くならば, 即ち原価会計の方が相
対的に有用であるという結論が以降の考察(第5章〜第7章)で導出されたなら
ば, 上掲の変化要因を援用しながら, 原価会計の有用性を社会に提唱すること
ができる。具体的に言えば, 人口の多いアメリカやEU諸国の影響を受けて,
わが国の経済社会にはそぐわない「制度」(公正価値会計制度)が措定されたこと
を明示できるわけである。

　そこで以下の, 第5章から第7章の考察では,「比較制度分析」を構成する
「ゲーム理論」と「契約理論」を分析ツールとして用い, 目標仮説の妥当性につ
き規範演繹的研究を行い(当該研究方法を用いる理由は第1章参照), 結論を導出
する。

注

1 これは，自己拘束力（self-enforcing power）と呼ばれている。例えば特定の権力によって強制的に導入された制度が，権力の消滅によっても機能し続けることがしばしば起こるが，これは自己拘束性により当該制度が社会で安定していることを示す事象と考えることができる（青木・奥野編［1996］，34頁）。

2 比較制度分析では，このような考え方を「歴史的経路依存性（historical path dependence）」と呼ぶ（同上，35頁）。

3 法的な強制力がどこにも存在しない場合でも，社会の構成メンバーはこの取り決めから逸脱する誘因を持たないとき，当該取り決めは自己拘束力を持つことになる（青木昌彦「制度の大転換推進を」『日本経済新聞』2002年1月4日付）。

4 青木・奥野編［1996］，35頁。進化ゲーム理論は，元々進化生物学において発展した分野であり，遺伝子により特定の行動をとるべくプログラムされた個体の適用度が他の個体行動分布に依存するような状況で成立する結果を分析するものである（同上，277頁）。経済学における進化ゲームは，社会の中でどのような慣習・ルールが成立するか，それからどのように変化を遂げるのかということに関する分析に有用と考えられている（同上，277頁）。

5 これがパレート劣位の状態から脱却する条件であり，さらに利得の差が大きくなって（3, 3）に達すると，条件はp＞1／4になる。つまり，時価主義会計のナッシュ均衡の利得が原価主義会計に対して高くなるほど，制度変化を促す選択の確率が小さくて済むことになる（藤井［2007］，191-192頁）。

6 青木・奥野編［1996］，289頁。4人が時価主義会計を選好すると，p ＝ 4/10 ＞ 1/3 であり，全員が時価主義会計を選好する均衡へと収束する。

7 $\beta = 0$の時には両国が鎖国状態にあり，$\beta = 1$の時は，両国が完全に統合された状態にある（青木・奥野編［1996］，291頁）。

第5章　ゲーム理論による公正価値会計情報の
有用性分析

1．はじめに ——本章の考察目的——

　第4章の考察により，「制度」が変化する要因の分析ツールである「比較制度分析」の具体的機能，会計「制度」の分析に「比較制度分析」を援用する意義，および「比較制度分析」の観点による「制度」変化の基本メカニズムが明らかにされた。そしてこれらの考察を通して，公正価値会計へと「制度」が変化した要因が分析された。

　本章では，既に第3章で設定された目標仮説である，「特定の社会的要因の存在により，企業への資金提供者にとっては，原価会計よりも公正価値会計の方が，意思決定に有用な情報を獲得することができる。」につき，この妥当性を検証するために，「比較制度分析」を構成する要素である「ゲーム理論」（game theory）を援用した規範演繹的考察が行われる。この目標仮説が妥当であると結論付けられれば，第4章で示された公正価値会計への変化の要因は，わが国の社会に対してプラスに作用したと判断することができる。

　経済学の領域では，取引当事者の相互間の情報が非対称的であることが多い現実の社会において，より効率的な資源配分を達成するために当事者の行動を制約する「制度」が必要不可欠と考えられている（中林・石黒編 [2010]，3頁）。そして，「制度」の構造を分析するツールである「ゲーム理論」を援用した研究が，これまで当該領域で積み重ねられている（同上，3頁）。そこで，「ゲーム理

論」を援用することにより，原価会計と公正価値会計の「制度」につき，いずれ
が効率的な資源配分，即ち資金提供を達成できる構造であるかを明らかにする
ことが可能となる。

　以下では，まず第2節において，「ゲーム理論」を援用して「制度」の分析を行
う意義について説明する。そのうえで，第3節および第4節において，「展開型
ゲーム理論」を分析手法として用い，公正価値評価による未実現利益（いわゆる
含み益）の計上とそれによる黒字化に対し，資金提供者である投資家と銀行が，
どのような行動選択を行うかを考察する。第3節で企業と投資家の行動の選択，
第4節では企業と銀行の行動の選択が取り上げられる。そして第5節では，企
業における，未実現損失（いわゆる含み損）の計上の有効性有無につき，「ゲーム
理論」を用いた分析を行い，社会的均衡点，即ち各プレイヤーが採る合理的行
動が示される。

　そして以上の考察によって，本研究の目標仮説である「企業への資金提供者
にとっては，原価会計よりも公正価値会計の方が，意思決定に有用な情報を獲
得することができる。」ことにつき，その妥当性の検証を行う。

2．公正価値会計の相対的有用性検証に
ゲーム理論を援用する意義

　以上に記されたような本章の考察目的，即ち目標仮説「原価会計よりも公正
価値会計が意思決定に有用な情報を獲得できる」の妥当性を「ゲーム理論」で
検証することのために，本節では，まず，当該理論をここで用いる意義につい
て説明する。次に，考察の端緒として，会計学における「比較制度分析」の先駆
的研究である藤井[2007]を援用し，「ゲーム理論」による，公正価値会計の相対
的有用性の基盤的検証を行う。

2．1　公正価値会計の優位性検証に「ゲーム理論」を援用する意義

　第4章で説明されたとおり，「比較制度分析」が想定する「制度」には，「自己
拘束性」および「歴史的経路依存性」が存在し，一度実現した「制度」は，容易

には変更されにくいと考えられている。かかる社会状況が前提とされるのは，「比較制度分析」が，「進化ゲーム理論」の概念を援用した社会均衡分析を目途とするためである（第4章・第2節を参照）。こうしたバックグラウンドにより，「比較制度分析」の研究では「ゲーム理論」がしばしば援用される。

　経済学における「ゲーム理論」の研究では，本人の行動だけでなく他の経済主体の行動にも獲得利得が影響される状況，即ち外部性の存在を前提とする（青木・奥野編 [1996], 26頁）。かかる状況においては，二人の経済主体（プレイヤー）が各々独立に行動Aと行動Bのいずれかを選び，利得は両者の行動の組み合わせに対応するセル内の数値を設定することができる（同上, 26頁）。そして各セルのうち，ある戦略の組合せでは，各プレイヤーの戦略が，他のプレイヤーがその戦略の組合せに従うときの最適反応になることがあり，このときゲームはナッシュ均衡となる（同上, 26頁）。このような考え方は，「ゲーム」として定式化できる状況で自分の利得を最大化するように非協力的に行動するプレイヤーたちの行動を分析する上で，最も標準的なものとなる（同上, 26頁）。

　そこで，ナッシュ均衡の特定を目的とする「ゲーム理論」を援用することにより，「安定性」を持った「制度」から新たな均衡へと移行する要因（当該均衡においてはプレイヤーの利得最大化が達成されている）を分析することが可能となる（同上, 34頁）。このことを本研究に引き寄せて言えば，原価会計から公正価値会計へと均衡が移行した要因を，「ゲーム理論」により明らかにすることが可能となる。

　既に会計学領域においても，「比較制度分析」および「ゲーム理論」を援用した研究が，藤井 [2007] において，先駆的に行われている。ここでは特に，会計制度変化のメカニズム解明において，社会における特定の行動パターンが普遍的になればなる程それを選ぶことが戦略的に有利になること（制度の持つ「戦略的補完性」）が，重要な観点になると指摘されている（藤井 [2007], 2頁）。

　そこで，金融（派生）商品や事業用資産の評価につき，それまで「自己拘束性」のもとで維持されていた原価評価に対し，「戦略的補完性」が発現して公正価値評価へと変化したダイナミズムの内実を，「比較制度分析」の構成要素である

「ゲーム理論」によって明らかにすることができる。言うまでもなく，ここでのダイナミズムとは，原価会計から公正価値会計への制度変化であり，その実相を明らかにすることは，公正価値会計の相対的な有用性，優位性を確認することに繋がる。

　さらに，従前より行われてきた公正価値会計の研究を見ると，関連する原則や諸概念を演繹しながら当該評価に基づく収益認識構造の整合性を分析する，規範演繹的アプローチが主に採られている。そして「ゲーム理論」においても，公正価値評価制度が形成されたプロセスにつき，特定の前提ルールのもとで演繹的分析が行われる。したがって，当該理論を援用した研究アプローチは，これまでの会計学研究の方法に沿ったものであると判断できる。

2. 2　「ゲーム理論」による公正価値会計の優位性の基盤的分析

　以上で示された研究意義を持つ「ゲーム理論」は，これまで，経済学や経営学の制度構造分析において主に援用されてきた。しかし，会計学の領域でも，「ゲーム理論」を援用した研究の要請が高まっていくと予想される。なぜなら，金融（派生）商品や事業用資産において，それまでの原価から公正価値へと評価の「制度」が変化しており，その要因と妥当性を「ゲーム理論」による社会均衡分析で明らかにすることが期待できるからである。そこで本項以下では，藤井［2007］における，原価主義会計（ここでは原価会計と同義）から時価主義会計（ここでは公正価値会計と同義）への変化の「ゲーム理論」分析を示す。

図表1　ゲームの利得表（社会J）

	時価主義会計	原価主義会計			時価主義会計	原価主義会計
時価主義会計	（2, 2）	（0, 3）	⇒	時価主義会計	（2, 2）	（0, 0）
原価主義会計	（3, 0）	（1, 1）		原価主義会計	（0, 0）	（1, 1）

出所：藤井［2007］, 186頁。

　ある社会Jにおいて，プレイヤーが直面するゲームが原価主義会計もしくは時価主義会計の選択であると見なし，図表1（左）のような利得を形成するものとする。この時，ゲームの支配戦略は原価主義会計の選択であり，すべてのプレイヤーは同じ行動をとることになる（藤井 [2007]，186頁）。

　その後に，自分が原価主義会計を選択し，相手が時価主義会計を選択した場合に，自分の利得が3から0に減少するとすれば，ゲームの利得は図表1（右）のように推移する（同上，187頁）。当該変化が経済社会で生じた場合，このゲームは2つのナッシュ均衡を持つことになるが，当初は，原価主義会計を選択することが共有知識であり社会的ルールとなっているため，引続き社会Jはパレート劣位の制度（原価主義会計，原価主義会計）を選択し続けることになる（同上，187頁）。

　以上のような状況に置かれた社会では，歴史的初期条件に規制されて原価主義会計が定着しているが，経済の金融化・情報化が勘案された状況変化により，ナッシュ均衡（原価主義会計，原価主義会計）の利得1よりも，ナッシュ均衡（時価主義会計，時価主義会計）の利得2の方が大きくなる（同上書，188頁）。ところが当該状況下でも原価主義が社会ルールとされるのは，進化安定的ルールである原価主義会計からの離反による利得のマイナス（戦略変更のコストや異端者となることのコストなど）が生じるため，結果として原価主義会計の選択者を利することになると社会構成メンバーが判断するためである[1]。

　したがって，図表1で表された社会Jでは，経済の金融化・情報化，およびそれにともなう会計情報の比較可能性の重視により，原価主義会計からの離反に対する社会的抵抗感が低下した状況が示されている（同上，188頁）。ただし，2つのナッシュ均衡を持つことから，環境変化によっても他の経済主体が原価主義会計を選択し続けるかぎり，パレート劣位の制度を選択し続けることになる（同上，189頁）。

　以上が，「自己拘束性」および「歴史的経路依存性」の存在により「制度」が容易に変更されにくいことを示す「ゲーム理論」の分析結果である。この様に，当該理論を援用すれば，特定社会のプレイヤーが直面する現実と近似の状況が

利得表として表され，論理的均衡点を捉えることができる。現実について見れば，一部が原価会計から公正価値会計へと制度が移行したのであり，「自己拘束性」や「歴史的経路依存性」を凌駕する何らかの要因が作用したと考えられる。そこで，公正価値会計の選択に均衡点が達するようゲーム・ルールを設定すれば，そのルールから，移行の要因および公正価値会計の相対的優位性を推知することが可能となる。

3.　公正価値会計情報を是認する社会的インセンティブ

　以上により，「制度」変化の分析ツールに「ゲーム理論」を援用する意義と基本的分析の内容が説明された。これを受けて本節では，「展開型ゲーム理論」を分析手法として用い，公正価値会計制度のもとでの会計情報の利益操作に対し，資金提供者の行動がどのようなメカニズムにより選択されるかを，田村［2013］の研究に依拠して考察する（本節では，田村［2013］からの引用については頁のみを本文中に記す）。

3．1　利益操作による企業の資金獲得
　資金提供者（ここでは投資家を想定）の出資において，対象である企業から直接的に得られる情報は，社会規制に基づいて開示される財務諸表などの会計情報に限定される。仮に，その企業が利益操作を行なえば，資金提供者の意思決定に重大な影響が及ぶ可能性が高まる。特に恣意性という面で，企業が余剰資金を運用するため保有するオプションなどのデリバティブは，ボラティリティや危険利子率の設定が任意とされており，プレミアムの公正価値を操作することが容易である。
　そこで企業が，自身の会計情報の開示において，公正価値の評価を通じて金融（派生）商品の利益を操作する場合の「展開型ゲーム」を設定し，それが企業自身や資金提供者の利得に対してどの様な影響を与えるかを，田村［2013］を援用して考察する。

　このゲームにおけるプレイヤーとして，資金受領者である「企業」と，資金提供者である「投資家」とを設定し，さらに，特殊なプレイヤーとして「自然」が追加される (31頁)。プレイヤー「自然」とは，「企業」の真の業績であり本当の実力を表わす概念的業績につき決定するプレイヤーであり，「企業」自身は真の業績を左右することができないこととする (31頁)。

　ゲームにおいては，一般的な会計情報の利用経路を踏まえることとし，「企業」が会計上の利益を決定したうえで「投資家」に情報を提供し，最後に「投資家」が当該情報に基づいて投資有無の意思決定を行う (31頁)。ただし，最初に「自然」が，「企業」の真の業績を決定することとする (31頁)。そしてプレイヤー「自然」は，「企業」の真の業績が良好か低迷しているかをそれぞれ50％の確率で判断し，「企業」は，「自然」が決定した真の業績がいずれであっても黒字と赤字のいずれも選択ができ，「投資家」はこれを受けて投資するかしないかを選択できる (31頁)。

　プレイヤーにとって得ることができる情報について見れば，「企業」は，自身が業績良好あるいは業績が低迷しているかを知っており，「投資家」は，「企業」が開示する会計情報によって黒字・赤字のいずれであるかを知ることができる[2]。

図表2　「企業」が利益操作をする場合の利得

自然		企業		投資家	利得
		黒字		投資する	（8，8）
				投資しない	（6，5）
50％	業績良好				
		赤字		投資する	（7，7）
				投資しない	（5，5）
50％		黒字		投資する	（4，3）
				投資しない	（2，5）
	業績低迷				
		赤字		投資する	（5，2）
				投資しない	（3，5）

出所：田村 [2013]，35頁。

　次に，獲得される利得の大きさにつき，「企業」の利得は，「投資家」から投資を受ける方が受けないよりも当然に大きい (33頁)。また，業績良好時に黒字，業績低迷時に赤字を計上することが社会から期待されているので，この期待に反する財務諸表を開示すると将来の資金調達に支障をきたすため，「利益操作」を行った場合のコストが考慮されることになる[3]。他方，「投資家」が得ることのできる利得は，「業績良好時に投資＞投資しない＞業績低迷時に投資」の順であり，また「黒字企業に投資＞赤字企業に投資」という大小関係となる (34頁)。

　そして，以上の条件のゲームの利得を示したのが図表2である (右のカッコ内の数字につき，前の数字が「企業」の利得，後の数字が「投資家の利得」を示す)。

　表より，もし「企業」が，業績良好時に黒字，業績低迷時に赤字の開示を選択するならば，「投資家」は，会計情報を通じて企業の真の業績を受取ることができる。この時，「企業」が真に黒字であれば業績良好であり，「投資家」が投資をすると8，しないと5の利得であるため，投資をすることになる。他方，赤字であれば業績低迷であり，「投資家」が投資をすると2，しないと5の利得であるため，投資を行わない。そしてこの時の「企業」の利得は，業績良好のときは8，業績低迷のときは3となる。ここで，「自然」は，業績良好と業績低迷をそれぞれ50％で選択するため，「企業」の利得の期待値は5.5となる。

　これに対し「企業」が，業績良好時と業績低迷時ともに黒字を選択すれば，「投資家」は，会計情報を通じて企業の真の業績を受取ることができなくなる。業績如何にかかわらず黒字として開示されるため，「投資家」は，業績良好で黒字である場合が50％，業績低迷で黒字と表示した場合が50％として，投資をするかどうか決定することになる。獲得利得についてみると，投資をする場合の「投資家」の利得は，業績良好時は8，業績低迷時は3であり，「投資家」の利得の期待値は5.5になる。他方，投資をしない場合の「投資家」の利得は，業績良好時は5，業績低迷時は5であり，「投資家」の利得の期待値は5になる。したがって，「投資家」の利得の期待値は，投資するほうが大きくなるので，常に投資を行う結果となる。この時「企業」の利得は，業績良好時は8，業績低迷時は4となるので，利得の期待値は6になる。

　以上により，「企業」の利得の期待値は，業績良好時は黒字，業績低迷時は赤字を選択すると5.5になり，業績良好時と業績低迷時ともに黒字を選択すると6になる。このため，「企業」は業績良好時・業績低迷時ともに黒字を選択することになる。他方，「投資家」はいずれの場合でも投資を行うことになる。

　ゲームにおけるこの様な均衡について考えると，資金提供を受ける「企業」は，業績に関係なく黒字を選択する指向が当然に強いため，そこにおいて利益操作が生じる可能性がある。コストを負担してでもなお利益操作を行うのは，業績低迷時に赤字を選択した場合に投資を受けることができない可能性が高まるためである。業績低迷時にも黒字を選択すると，真の業績に関わらず常に投資を受けることができるため，利益操作のコストを上回るだけのベネフィットが「企業」に生じることになる（37頁）。

　そして，現実の経済社会で起こり得る企業の利益操作について見ると，デリバティブなど金融商品の期末評価において，ブラック・ショールズ・モデルや二項モデルのインプット値を恣意に設定することによって，これを行うことが可能である。また，減損損失について，事業用資産の公正価値評価における恣意性の介在（ここでは損失の未計上）は，一定の確率で生じることが想定できる。そのため，社会において上記モデルに類する状況が生じる可能性は十分にあり，利益操作が容易な会計基準（ここでは公正価値会計基準）の導入は容認されやすいと考えられる。

3．2　利益操作コストが大きい場合の投資家の出資停止

　ただし，以上のような状況が容易に達成されたならば，資金提供者である「投資家」にとって，会計上，「信頼性」（reliability）のある会計情報を得ることが困難となる（「信頼性」欠如の問題については，第2章にて詳述）。そこで次には，ゲームのルールを変更し，重大な利益操作が事後に発覚するとペナルティが大きくなることを勘案した「展開型ゲーム」につき，引き続き田村 [2013] に基づいて考察する。

　ここでは，業績低迷時に黒字を計上した時の「企業」の利得が，上記ケースよ

り小さくなるゲーム・ルールを設定する。当該条件に基づくゲームの利得を示したのが図表3である（図における右のカッコ内の数字につき，前の数字が「企業」の利得，後の数字が「投資家」の利得を示す）。

図表3　「企業」が利益操作をする場合の利得
（利益操作のコストが大きい場合）

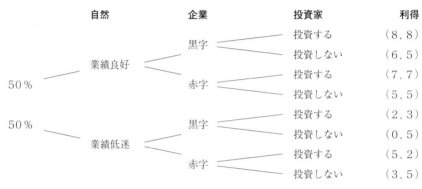

出所：田村［2013］，39頁。

　利得表によれば，「企業」が利益操作を行い，業績良好時と業績低迷時のいずれにおいても黒字を選択する場合，「投資家」は開示情報を通じて「企業」の真の業績を識別することができないため，業績良好時が50％，業績低迷時が50％として，投資をするかどうか決定することになる。投資をする場合の「投資家」の利得は，業績良好時は8，業績低迷時は3であるため，「投資家」の利得の期待値は5.5となる。また投資をしない場合の「投資家」の利得は，業績良好時は5，業績低迷時は5であるため，「投資家」の利得の期待値は5となる。したがって，「投資家」の利得の期待値は，投資する方がより大きくなるので，常に投資を行うことになる。またこの時の「企業」の利得は，業績良好時は8，業績低迷時は2となるので，利得の期待値は5となる。

　これに対し，「企業」が利益操作を行わず，業績良好時に黒字，業績低迷時に赤字を選択すると，「投資家」は，会計情報を通じて「企業」の真の業績を識別

することができる（40頁）。もし黒字であれば業績良好であり,「投資家」の利得は, 投資をすれば8, しなければ5となるため, 投資をする。赤字であれば, 業績低迷となり,「投資家」の利得は, 投資をすれば2, しなければ5となるため, 投資をしない。ここでの「投資家」は, 業績良好時に投資を行い, 業績低迷時に投資を行わないことが可能となる（40頁）。また「企業」は, 業績低迷時には投資を受けられず, 業績良好時のみに投資を受けることができる。この時の「企業」の利得は, 業績良好時は8, 業績低迷時は3となるので, 利得の期待値は5.5となる。

このように,「企業」が利益操作を行なって業績良好時・業績低迷時ともに黒字を選択すると,「企業」は真の業績の如何にかかわらず, 常に投資を受けることになる。これに対し, 業績良好時は黒字・業績低迷時は赤字を選択すると, 業績低迷時に投資を受けることができない。しかし,「企業」における2つの選択肢の利得の期待値を見ると, 業績良好時・業績低迷時ともに黒字の場合は5, 業績良好時は黒字・業績低迷時は赤字の場合は5.5であり, 正直に公表する方が大きな利得となる。したがってこのゲーム・ルールによれば, 利益操作のコストが大きくなるため, 業績低迷時には, 赤字を計上するのが合理的となる（41頁）。「企業」にとっては, 黒字開示のモチベーションが恒常的に存在するものの, 利益操作に課されるコストを勘案する必要に迫られるわけである。

3. 3　小　　括
――利益操作是認の社会均衡と制度化――

以上の考察により, 図表2の利得表のケースでは, 業績良好時・業績低迷時ともに,「企業」は黒字の表示を選択し, かつ「投資家」は投資を行うことになる。これに対し図表3のケースでは, 利益操作のペナルティが大きくなることから, 業績低迷時に赤字を計上しなければ,「投資家」からの出資が引き出せない状況に陥る。

ここで, 現実の国際会計基準やわが国の会計基準を見ると, 公正価値評価が既に導入されており, 原価会計（これについても存続している）のもとでは利益

操作となるような，未実現収益の計上が認められている。したがって，現在の経済社会は，企業に対して利益操作のガバナンスを強力に要請するものとは必ずしも言えず，「企業は黒字表示・投資家は出資」の選択が，一定の範囲で是認されたと考えることができる。

　企業にとっては，業績が芳しくない状況下でも出資を受けやすくするために，公正価値評価による未実現収益の計上が制度化されたのは好都合と言える。とくに，デリバティブなど金融派生商品の期末評価益については，ブラック・ショールズ・モデルや二項モデルのインプット値を操作することにより，容易に利益をねん出することができる（第3章補論を参照）。この場合，企業には利益操作のコストを上回る利得が生じるため，積極的に当該収益を計上するインセンティブが高まっていく。そしてこのような事態につき，投資家の投資意思決定にとっては，望ましいと言えない。

　しかし，それにもかかわらず，現実に公正価値による評価が会計基準として認められたのは，実際の社会が，図表3の利得表で示されたルールの状況に近かったためと推察することができる。即ち，公正価値評価制度という名のもとでの合法的な利益操作であれば，投資家にとってもチェックのコストが不要であり，その分，利得が増加するのである。

　このことを，第4章・第3節で説明された経済社会の「制度」形成プロセスに当てはめて考えてみる。特定の命題P「投資に有用な情報提供の要請」につき，まず，これを媒介として要約された社会状態m（a）である「公正価値評価」を共有知識としてすべての個人が持つ。かかる均衡においては，共有知識を要約した理解可能な言語表現として「公正価値会計」が，その社会に「制度」として定着することになる。したがって，金融（派生）商品や事業用資産の公正価値評価による損益計上を是認するような社会状態m（a）が，現在のわが国におけるナッシュ均衡と考えることができる。本章3.1で示された，「業績低迷時に企業が黒字表示して投資家が投資を行う」という状況が，社会において是認されるわけである。つまり，われわれの経済社会は，社会均衡により形成された実質的形態としての公正価値評価につき，これが理解可能となるような言語表現の

体系化を要請し，その結果，公正価値会計の基準が規定されるに及んだと考えることができる。

4．出資意思決定に慎重さが要求される　ケースにおける公正価値会計情報の有用性

　以上の考察により，公正価値評価による未実現利益計上を，利益操作による黒字計上に見立てたうえで，「企業」が業績良好時・業績低迷時ともに黒字計上を選択し，かつ「投資家」が投資を行う，もしくは行わないゲームの均衡が示された。本節では，「投資家」の出資と比べ，意思決定に一層の慎重さが必要となる「銀行」の融資のケースにつき，引続き「ゲーム理論」による社会均衡分析を行う。前節と同様に，公正価値評価を企業の利益操作に見立て，当該行動が融資の意思決定に対してどの様に作用するかにつき，田村 [2013] の研究に基づいて考察する（本節では，同書からの引用については頁のみを本文中に記している）。

4．1　企業の利益操作による融資獲得のゲーム・ルール

　経済市場における，企業への出資活動については，その選択肢が多岐に渡る。証券・社債の購入など直接的なものから，様々な証券を組み合わせた複合商品の購入など間接的なものまで存在する。さらに便利なことには，購入後の転売や解約が比較的容易である。

　これに対し，銀行による企業への融資は，相手方との一対一取引となる場合が多い。さらには，一度契約が成立すると，これを変更・破棄することが容易ではない。そのため，資金提供の意思決定に一層の慎重さが要求される。もし，融資検討先の経営業績が芳しくない兆候が僅かでも確認されれば，詳細な調査と厳格な審査が必要となる。そして，銀行内部の手続に，多大なコスト負担が強いられることになる。

　そこで，意思決定に高いレベルの慎重性が求められる銀行融資につき，公正価値会計情報が測定・表示された場合の社会均衡を，田村 [2013] で研究されたゲーム理論に依拠して分析して行く。

　まず, 本ゲームのプレイヤーを「企業」および「銀行」とし,「企業」が「銀行」から融資を受け, さらには, より有利な条件で融資を受けるために, 金融商品を公正価値評価するなど, 利益操作が行われる (76頁)。他方で「銀行」は, 融資をするかどうかの選択を行うことになる (76頁)。また「企業」は, 情報が「銀行」に利用されたうえでの結果を予想し, 伝達および結果が生じる前に利益操作によって業績を修正することができることとする (76頁)。

　さらに, このゲームにおいては, 前節と同様に, 仮想プレイヤーとして「自然」が追加される (77頁)。これは, 企業の真の業績, 即ち企業の本当の実力を表わす概念的業績を決定するプレイヤーである。ただしここでは,「企業」自身が, 真の業績を左右することはできないこととする (77頁)。

　ゲームにおけるプレイヤーの手番は, 最初に「自然」が企業の真の業績を決定し, 次に「企業」が会計利益を決定したうえで「銀行」に融資を申し込み, 最後に「銀行」が当該情報に基づいて融資の意思決定するものとする (77頁)。各プレイヤーの選択肢は次のとおりである (78頁)。

- ・「自然」の選択肢は, 企業の真の業績が良好か低迷かの2つであり, 両者をそれぞれ50%の確率で選択する。
- ・「企業」の選択は, 黒字もしくは赤字の2つであり,「自然」が決定した真の業績がいずれであっても,「企業」は黒字と赤字のいずれも選択することができる。
- ・「銀行」の選択肢は, 融資するかしないかの2つである。

　そしてこのゲームでは,「自然」によって選択される企業の真の業績につき,「企業」と「銀行」の間で, 事実把握の非対称性が存在する。「企業」は, 自らの真の業績につき良好かもしくは低迷であるかを知っており,「銀行」は,「自然」が選択する業績良好・業績低迷につき等しい確率 (50%) であることを知っているが,「企業」がいずれを選択したかを知らない (78頁)。また「銀行」は,「企業」が開示する会計情報により, 黒字・赤字のいずれを選択したか知ることが

できる‐(78頁)。

　以上の前提に基づき，プレイヤーである「企業」が得ることのできる利得は次に挙げるとおりである (79頁)。

・「企業」の利得は，融資を受けなければゼロ，融資を受ければプラスの値となる。また，融資を受ける場合の「企業」の利得は，業績良好時のほうが業績低迷時よりも大きい。
・「企業」に対しては，業績良好時に黒字，業績低迷時に赤字を計上することが社会から期待されており，この期待に反すると資金調達に支障をきたす可能性があるため，利益操作のコストが考慮されることになる。そこで利得は，業績良好時は黒字を選択する方が大きく，業績低迷時は赤字を選択する方が大きい。

　以上のような，プレイヤー「企業」の利得に対し，プレイヤー「銀行」が得ることのできる利得は，赤字の「企業」に融資する場合は「銀行」内部の手続 (内部審査など) にコストを要する可能性があるため，「業績良好時に黒字表示＞業績良好時に赤字表示」，および「業績低迷時に黒字表示＞業績低迷時に赤字表示」という利得の大小関係となる (80頁)。

4．2　融資獲得ゲームの均衡点

　そして，以上で示されたゲームの利得を示したのが図表4である (右のカッコ内の数字につき，前の数字が「企業」の利得，後の数字が「銀行」の利得を示す)。

　このゲームにおいて，「銀行」は，黒字という会計情報を受け取ったとき，それが業績良好時の黒字か，業績低迷時の黒字であるかを区別することができない。そこで，黒字が示された場合，確率分布 [p：1 − p] (0 ≦ p ≦ 1) で業績良好と業績低迷を判断するものとし，赤字が示された場合，確率分布 [q：1 − q] (0 ≦ q ≦ 1) で業績良好と業績低迷を判断するものとする (こうした確率分布は「銀行の信念」(80頁) と呼ばれる)。

図表4　融資獲得ゲームにおける「企業」と「銀行」の利得

自然	企業	銀行	利得
	黒字（p）	融資する	（5，4）
		融資しない	（0，0）
業績良好			
	赤字（q）	融資する	（4，3）
50％		融資しない	（-1，0）
	黒字（1-p）	融資する	（2，-3）
50％		融資しない	（-1，0）
業績低迷			
	赤字（1-q）	融資する	（3，-4）
		融資しない	（0，0）

出所：田村〔2013〕，81頁。

　そしてこのゲームの均衡につき，「企業」の戦略と「銀行」の戦略，および「銀行の信念」の整合的な組み合わせとし，ベイズの定理を適用して決定することができる（80頁）。まず，「企業」の行動を所与としたときに黒字が示された場合の「銀行」の利得の期待値は，融資実行の場合，$4p - 3(1 - p) = 7p - 3$であり，融資断念の場合，$0p + 0(1 - p) = 0$である。したがって，$0 \leqq p \leqq 3／7$の場合は融資断念，$3／7 \leqq p \leqq 1$の場合は融資実行となる（89頁）。これに対し赤字が示された場合の「銀行」の利得の期待値は，融資実行のときは$3q - 4(1 - q) = 7q - 4$であり，融資断念のときは$0q + 0(1 - q) = 0$である。したがって，$0 \leqq q \leqq 4／7$の場合は融資断念，$4／7 \leqq q \leqq 1$の場合は融資実行となる（89頁）。以上を整理すると，次の図表5のようになる。

　図表で示された4つの区分を見れば，均衡するのは（ⅲ）の場合のみとなる（89頁）。「企業」の利得についてみると，業績良好時に黒字を選択すると5であり，赤字を選択すると−1となるため，黒字を選択する。業績低迷時の利得は，黒字を選択すると2，赤字を選択すると0になり，「企業」は黒字を選択する。したがって「銀行の信念」はp=0.5，q＝任意の数（ただし，$0 \leqq q \leqq 4／7$）となり，表の（ⅲ）と整合する（90頁）。これに対し，他の3区分のケースはいずれも均衡しない。例えば（ⅰ）の場合，「企業」の利得についてみると，業績良好時

に黒字を選択すると0, 赤字を選択すると－1となるため, 黒字を選択する (90頁)。業績低迷時の利得は, 黒字を選択すると－1, 赤字を選択すると0になり, 「企業」は赤字を選択する (90頁)。したがって「銀行」の信念はp＝1, q＝0となるが, このときには0≦p≦3／7の前提と矛盾するため, 均衡していないことになる (90頁)。

図表5　「銀行」の最適反応戦略

	0≦q≦4／7	4／7≦q≦1
0≦p≦3／7	（ⅰ） 黒字なら融資断念 赤字なら融資断念	（ⅱ） 黒字なら融資断念 赤字なら融資実行
3／7≦p≦1	（ⅲ） 黒字なら融資実行 赤字なら融資断念	（ⅳ） 黒字なら融資実行 赤字なら融資実行

出所：田村 [2013], 89頁。

　以上の分析により, 本ゲームのプレイヤー利得設定の前提として, 「企業」の利得は, 業績良好時に黒字, 業績低迷時に赤字を選択する方が大きいとしたにもかかわらず, 業績良好・低迷いずれの場合も黒字を選択することが明らかとなる。本ゲーム・ルールでは, 業績低迷時に黒字を選択すると, 「企業」は利益操作のコストを負担することになるが, 他方で黒字表示によって「銀行」から融資を受ける可能性が高まり, 当該コストを上回る利得を受けることが可能である (83頁)。したがって, 「企業」は融資を受けるために, 業績の良好・低迷に関わらず, 会計情報を黒字とする志向が高まる。そして, 財務情報の開示においては, 未実現収益を積極的に測定・表示するインセンティブの度合が増加する。有価証券やオプション・プレミアムの未実現利益を計上することで黒字化が達成されれば, 融資を受ける確率が上がると判断するのである。
　これに対し, 「銀行」の利得の大小は, 赤字が懸念される「企業」に融資する

場合に，事前調査や審査など内部手続のコストが影響するため，利得の大小関係は「業績良好時に黒字選択＞業績良好時に赤字選択」および「業績低迷時に黒字選択＞業績低迷時に赤字選択」である。そして，「銀行の信念」に依拠しながらベイズの定理を適用すれば，赤字を計上する「企業」に対して融資断念という均衡点に到達する。

　以上のように，公正価値評価により未実現利益が計上できる制度のもとでは，「企業」の業績が黒字となりやすい。「企業」は，業績良好・業績低迷のいずれの場合でも黒字計上の志向を持つのである。これに対し「銀行」は，黒字表示の場合に利得を多くすることができるものの，赤字であれば融資を断念せざるを得ず，収益獲得に繋がらない事態となる。したがって，上記ゲーム・ルール（それは，通常のビジネスにおいて十分に起こり得るケースが想定されている）を前提にすると，公正価値評価により未実現収益を計上して黒字表示が達成されることは，情報提供者である「企業」のみならず，情報利用者である「銀行」にとっても，利得増加の可能性が高まるものとなる。

5．公正価値評価により含み損が出る
ケースにおける会計情報の有用性分析

　以上の「ゲーム理論」の考察により，資金受領者が，公正価値評価により未実現収益を計上して黒字表示を行った場合，利得増加の可能性が高まることが示された。本節ではこのケースと逆に，公正価値評価によって未実現の「損失」が計上されるケースにつき，同じく「ゲーム理論」によって均衡分析を行う。公正価値会計制度において，保有する金融（派生）商品の評価損の計上，事業用資産の減損損失の計上など，開示される情報に含み損（未実現損失）が計上されることの有用性有無につき，「ゲーム理論」を援用して検証する（以下では，中林・石黒編［2010］からの引用について，頁のみを本文中に記すこととする）。

5．1　ゲーム・モデルの設定
　企業の経営活動に不可欠となる原資の大きな部分は，資金提供者からの出資

金によって賄われる。当該資金を獲得するため，資金受取側は，社会規制としての企業会計制度に依拠した財務情報を開示することになる（ここでは開示と表示は同義とする）。そして，金融（派生）商品や事業用資産の公正価値評価額が計上されれば，そこにおいて将来キャッシュ・フローが忠実に反映されるため，資金提供者は，経済的実質に一層近い情報を得ることができる。特に損失が生じている場合には，その情報は重要な意思決定の材料となる。

　そこで，公正価値評価に係る情報が開示されたかどうかをゲームの利得に反映し，ゲームのプレイヤーを「資金提供者」および「企業」として，図表6のような利得表を設定する。

図表6　公正価値開示有無による「資金提供者」と「企業」の利得

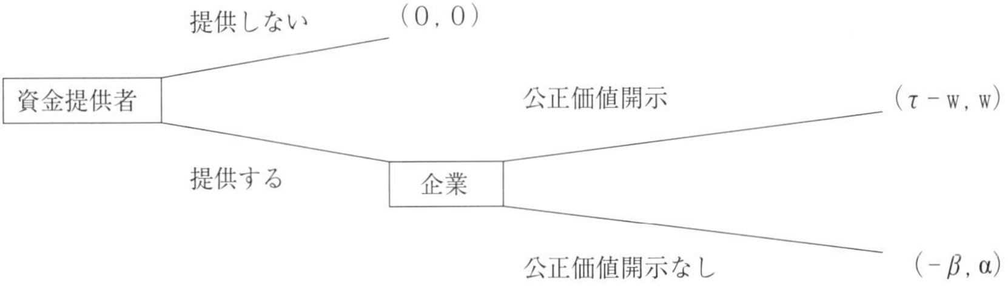

出所：中林・石黒編［2010］,41頁を参照して作成。

　図の最初のノードにおいて，「資金提供者」は，「企業」に資金提供をするかしないかを選択する（本項以下は，41-42頁）。最初に「資金提供者」が資金提供を選択しなかった場合，利得は $(0, 0)$ となる（前が資金提供者，後が企業の利得）。「資金提供者」が資金提供を実行する場合，「企業」の利得はＷとなる。ただし「企業」は，公正価値会計制度に基づく，減損損失や金融（派生）商品の評価によって生じる損益，とくに損失につき，適切に開示するかしないかを選択する。開示した場合，「企業」の利得はＷであり，開示しない場合は a（$a > W$）とする。不都合な損失情報を隠すことができるため，利得が増加するわけである。またこのとき，「資金提供者」の利得は，「企業」が開示を選択した場合に $\tau - w$,

開示しなかった場合は-β（<0）とする。そして最初のゲームが行われた後，同じゲームが繰り返し行われるものとする。ここで「資金提供者」は，公正価値会計情報を開示しなかった「企業」には今後資金提供をせず，開示した「企業」にのみ資金提供が実行されるものとする。

　さらに，もう一つのルールとして，「資金提供者」の都合によって公正価値会計情報を開示した場合でも，確率σで，その後「企業」に対し資金提供されない可能性があるものとする（0＜σ＜1）。また，資金提供を受けなかった「企業」が再び資金提供を受ける確率をπ（0≦π≦1）とする。ただしここでは，適正に開示しなかったために資金提供を受けられなかった場合はπC，「資金提供者」の都合で資金提供が無かった場合をπhとする。

　そして，以上のルールに基づくゲームにおいては，「資金提供者」が次に挙げた戦略をとる場合に，「部分ゲーム完全均衡」が成立する。

①「資金提供者」が資金提供を実行し，「企業」が公正価値会計情報を開示した場合，次の期間も資金提供を受けることができる。
②「企業」が情報を正しく開示しなかった場合，「資金提供者」は二度と資金提供をしない。
③「資金提供者」は，過去に自身のみならず他の「資金提供者」すべてに公正価値会計情報を正しく表示した「企業」にのみ，資金提供を行う（他者間の懲罰戦略）[4]。

5．2　公正価値会計情報の開示による「企業」の利得増加のメカニズム

　そこで，「資金提供者」による上記の戦略を前提に，公正価値会計情報を適正に開示して資金提供を受け続けている「企業」の期待将来利得の割引価値をV^a，現在資金提供を受けていない「企業」の期待将来利得の割引価値をV_i^u（i＝h，C）とすると，次の二つの式が導出される（42頁）。

$$V^a = W + d\left[(1-\sigma)V^a + \sigma V_i^u\right] \tag{1}$$

$$V_i^u = \pi i V^a + d(1-\pi i)V_i^u, \ i = h, \ c \tag{2}$$

　ここで，式中 d（$0 < d < 1$）は将来の所得に対する割引因子，式右辺の第一項は今期の利得，第二項は来期以降の利得を表す。そこで，「企業」が公正価値会計情報を開示しないインセンティブを持たない条件は，次の式によって表すことができる（43頁）。

$$V^a \geq \alpha + dV_c^{\,u} \qquad (3)$$

　そして，式（1）（2）（3）より，「企業」が公正価値会計情報を開示しないインセンティブを持たない条件式を導くことができる（43頁）。まず，式（2）より，

$$V_h^{\,u} = \frac{\pi h}{1 - \mathrm{d}(1 - \pi h)} V^a$$

が導かれ，これを（1）に代入すると，次の式（4）が得られる。

$$V^a = \frac{\mathrm{w}[1 - \mathrm{d}(1 - \pi h)]}{1 - \mathrm{d}[1 - \mathrm{d}(1 - \pi h) + \sigma \mathrm{d}(1 - \pi h)]} \qquad (4)$$

また，（4）を（2）に代入することにより，次の式（5）が得られる。

$$V_c^{\,u} = \frac{\mathrm{w}\pi \mathrm{c}[1 - \mathrm{d}(1 - \pi h)]}{(1 - \mathrm{d})[1 - \mathrm{d}(1 - \pi c)][1 - \mathrm{d}(1 - \pi h) + \sigma \mathrm{d}(1 - \pi h)]} \qquad (5)$$

そして，式（4）および式（5）を式（3）に代入することで，式（3）を，「企業」の利得の条件として書き換えることができて，次の式（6）が得られる（44頁）。

$$\mathrm{W} \geq \alpha[1 - \mathrm{d}(1 - \pi h)(1 - \sigma)]\frac{1 - \mathrm{d}(1 - \pi c)}{1 - \mathrm{d}(1 - \pi h)} \qquad (6)$$

　式（6）において，「企業」が受け取る資金Wにつき，これが高ければ，公正価値会計情報を開示しない機会費用が高くなる。なぜなら，1回だけαという利得を得て損失を非表示とすることで，「企業」は将来に得られたはずの利得につき，（1 − π C）の確率で失うことになるからである（45頁）。したがって当該逸失が，当該損失を非表示とすることの機会費用となる（45頁）。そこで式（6）をみると，αと3つの小カッコの中がいずれも正であるため，WはπCおよびπhの値に依存している。

　ここで，π Cの値が低いときは，減損損失や評価損を計上しないなど公正価値開示を適正に行わなかったことにより，再契約率が低いことを示す。そしてこの場合には，「企業」が将来に得られたはずの利得を失う確率（1 − π C）が高くなり，その結果「企業」の利得Wが小さくなる（45頁）。したがって，「企業」が，公正価値会計情報とりわけ「含み損」を適正に表示すれば利得が増加することが，本ゲームで導出される式によって明らかになる。

5.3 公正価値会計情報の開示による「資金提供者」の
利得増加のメカニズム

そして既述のとおり，このゲームにおいては「他者間の懲罰戦略」が前提となるため，「資金提供者」にとって，自身のみならず「他の資金提供者」すべてに公正価値会計情報が正しく開示された場合に，「部分ゲーム完全均衡」が成立する (42頁)。

これについて見ていくと，他のメンバーが当該戦略に参加している均衡経路において，過去に公正価値情報を開示した「企業」には $\pi h > 0$ が成立する (45頁)。ここで，$d(1-\pi h) = x$ とし，式 (6) を等式として πh で偏微分すると，

$$W = f(\pi h) = F(x) = \frac{\alpha[1-(1-\sigma)]x - [1-d(1-\pi C)]}{1-x}$$

となる (46頁)。そして $F(x) = \frac{\alpha[1-(1-\sigma)]x - [1-d(1-\pi C)]}{1-x}$ につき，商の微分公式を用いると，$\frac{\partial F}{\partial x} = \frac{[1-d(1-\pi c)][-\alpha(1-\sigma)(1-x)+\alpha\{1-x(1-\sigma)\}]}{(1-x)^2} = \frac{[1-d(1-\pi c)]\sigma\alpha}{(1-x)^2}$ なので，条件 $0 < d < 1$, $0 \leq \pi c \leq 1$, $0 < \sigma < 1$, $\alpha > 0$ から，$\frac{\partial F}{\partial x} > 0$ となり，一方，$\frac{dy}{dx} = -d < 0$ なので，$\frac{\partial f}{\partial \pi h} < 0$ となる (46頁)。この時，W は πh の単調減少関数となるため (45頁)，公正価値会計情報を適正に開示した「企業」に資金提供を実行すれば（すなわち πh の値が高ければ），W の値が減少し，「資金提供者」の利得 $\tau - W$ が大きくなる。

このような「他者間の懲罰戦略」，即ち「過去に，自身のみならず他の資金提供者すべてに公正価値評価の情報を正しく開示した企業にのみ資金提供を行う」という「資金提供者」の戦略を前提にすると，「資金提供者」がこれに参加するという均衡戦略から逸脱した場合には，不正を抑止するため，より高いコストを支払わなければならない (45頁)。そこで「資金提供者」は，公正価値評価による損失が計上されれば，これを含んだ会計情報を利用することにより，利得を増加させることができる。

6．お わ り に ──考察の結論──

以上のとおり本章では，本研究の目標仮説である「企業への資金提供者に

とっては，原価会計よりも公正価値会計の方が，意思決定に有用な情報を獲得することができる。」につき，その妥当性を「ゲーム理論」によって検証した。現実の経済社会において，メンバー間に生じていると推察される状況・状態をゲーム・ルール化し，その均衡を求めることにより，公正価値会計が原価会計と比べて有用であるかが考察されたわけである。

　ゲーム分析では，まず，情報提供者である「企業」，および情報利用者である「投資家」のいずれの立場においても，公正価値評価額計上による黒字表示を求める傾向にあることが示された。また，利益操作のペナルティが大きい場合に「業績低迷時・黒字表示」を選択すると，「投資家」からの出資が引き出せない可能性があることも説明された。ただし，公正価値評価が制度化されていれば，半ば合法的に，収益化（ひいては黒字化）することができ，資金提供者である「投資家」にとって，危険度が増すことが懸念事項となる。

　また上記ゲーム・ルールのもとで，「銀行」は，黒字表示の場合に利得を多くすることができるものの，赤字であれば融資を断念せざるを得ず，収益獲得に繋がらない事態となる。さらに，計上された未実現収益が将来に実現しない場合，融資回収ができない危険を抱えることになる。したがって上記ゲーム（第4節）においては，未実現収益を計上して黒字表示が達成されれば，資金提供者である「銀行」にとって，融資実行による利得増加の可能性が高まる一方で，危険度も増すことが明らかとなる。

　以上より，目標仮説である「企業への資金提供者にとっては，原価会計よりも公正価値会計の方が，意思決定に有用な情報を獲得することができる。」につき，公正価値会計制度における含み益（未実現利益）の計上によっては，原価会計に対する相対的有用性が必ずしも達成できないと結論付けられる。

　次に，以上と逆のケースとして，金融（派生）商品の購入による評価損，および事業用資産の減損損失の計上を想定したゲーム分析も行われた。そこでの均衡点分析の結果，「他者間の懲罰戦略」の作用により，「企業」が公正価値会計情報，特に未実現損失（含み損）を適正に表示すれば，「企業」および「投資家」双方の利得が増加することが示された。この分析結果からは，目標仮説「企業へ

の資金提供者にとっては，原価会計よりも公正価値会計の方が，意思決定に有用な情報を獲得することができる。」につき，妥当であると結論付けることができる。

注
1　藤井［2007］，188頁参照。また，青木・奥野編［1996］では，歴史的初期条件のためパレート劣位の社会的慣習から脱することができないのが図表2の状況であり，これは，社会システムの進化が経路依存的で，進化の過程が必ずしも最適な慣習や制度をもたらさないことを示すものであると考えられている（288頁）。
2　また「投資家」は，「自然」が選択する業績良好・業績低迷が，等しい確率（50%）であることを知っている（田村［2013］，33頁）。そこで「企業」の利得は，業績良好時は黒字を選択する方が大きく，業績低迷時は赤字を選択する方が大きい。
3　即ちこのゲームでは，「企業」の利得につき，「投資家」から調達した資金を利用することで得られる成果を基礎とするため，業績良好時は黒字を選択する方が大きく，業績低迷時は赤字を選択する方が大きい（同上，33頁）。
4　他者間の懲罰戦略とは，自分だけでなく他に対する不正を行ったプレイヤーとは契約しない戦略であるため，不正実行者に対する懲罰を集団的に行うものである（中林・石黒編［2010］，42頁）。当該戦略において，部分ゲーム完全均衡を実現するには2つの条件があり，それは①「企業」の公正価値会計情報の非表示の事実がすべての「資金提供者」に共有されていること，②すべての「資金提供者」が他のメンバーも同じ戦略を採用すると予想することである（同上，45-46頁）。

第6章　情報の「事前の非対称性」の存在に対する　公正価値会計情報の有用性

1.　はじめに ──本章の考察目的──

　第1章で示されたとおり，本研究の主たる目的は，原価会計から公正価値会計への制度変化の要因を分析し，これを踏まえた上で，原価会計に対する公正価値会計の相対的有用性，優位性の有無を検証することにある。

　また，本研究の方法は，「目的論的関連」の観点から制度に含まれる問題を顕現化させ，これに対する「目標仮説」が設定され，しかるのちゲーム理論および契約理論に依拠した規範演繹的研究を行うことで，仮説の妥当性を検証するものである。既に第3章で示された本研究の「目標仮説」とは，「特定の社会的要因の存在により，企業への資金提供者にとっては，原価会計よりも公正価値会計の方が，意思決定に有用な情報を獲得することができる。」である。

　そこで本章では，「特定の社会的要因」としての，経済主体間に存在する「情報の非対称性」(asymmetry of information)につき，これを減衰させるため，原価会計よりも公正価値会計が有用となるかを，契約理論によって論考するものである[1]。公正価値会計の相対的有用性（それは「信頼性」欠如の欠点を含んでもなお相対的に有用である）を，当該分析ツールを用いて示すことができれば，「目標仮説」が妥当である可能性を高めることができる。

　そして本章では，資金提供者とこれを受け取る企業との契約において情報の「事前の非対称性」が存在するケースを考察対象とする。金融契約における投

資先の質に差があって，かつ外形的にそれを識別しにくい場合に，情報の「事前の非対称性」が観察される（藤井 [2017]，25頁）。そこで，公正価値会計情報の利用によって，情報の「事前の非対称性」の度合を軽減させることが可能であるかを，契約理論の研究を援用して考察して行く。

　本章の構成として，まず，資金提供者とこれを受取る企業との間に情報の「事前の非対称性」が存在する場合，「収益力の高い企業」が「収益力の低い企業」と同等の資金提供契約を交わすことで，資金提供者の利得が減少するメカニズムを，契約理論の先行研究に基づいて説明する（第2節）。次に，資金を受取る企業において，私的情報の保有により利得が増加するにもかかわらず，含み損を測定値に反映させて開示するインセンティブが存在するメカニズムを，ゲーム理論の先行研究を援用して明らかにする（第3節）。そのうえで，公正価値評価による測定値の開示により，情報の「事前の非対称性」の緩和化が達成され得ることを示す（第4節）。

２．情報の「事前の非対称性」が存在する場合に生じる　　資金提供者利得の減少メカニズム

　まず本節では，比較制度分析の先行研究である中林・石黒編 [2010] を援用し，資金提供者とこれを受取る企業との間で情報の「事前の非対称性」が存在するケースのモデルを設定し，この時に資金提供者が受取る利得が減少するメカニズムの説明を行う（本節において，中林・石黒編 [2010] からの引用について，文中にページのみを記している）。

２．１　情報の「事前の非対称性」が存在するケースのモデル設定

　資金提供のモデルとして，そのプレイヤーを，資金提供を期待する「企業」，およびそこへの出資を検討している「資金提供者」とする[2]。そして「企業」の収益力につき，自身のみが知る私的情報であることを前提とする。即ち，「企業」の生産費用が高い（ここではCL），もしくは低い（ここではCH）のいずれであるかにつき，「資金提供者」は情報を有していない状態である。そのうえで

「資金提供者」は，生産費用が低く収益力が高い出資先（CH）に直面している確率がq（0＜q＜1）であると確信し，かつ収益力の異なる「企業」に対して異なる獲得利益を期待するものとする（126-127頁）。

　今，「資金提供者」は，Wを出資額，xを要求生産量として，収益力の高い「企業」（CH）に出資条件（WH, xH）を受け入れさせたく，同時に，収益力の低い「企業」（CL）には出資条件（WL, xL）を受け入れさせたいと考えるのが合理的であると仮定する（125頁）。この場合，「資金提供者」の利得はR（x）－W（R：収入）となるが，仮に「企業」の生産性Ci（i=H, L）が「資金提供者」にも知られていて情報に対称性があるとすれば，「資金提供者」は，Wi－Cixi ≥ 0の制約のもとで，R（xi）－Wiを最大にする生産量xiと出資額Wiを提示することになる（125頁）。さらに「資金提供者」にとっては，制約下においてできるだけ出資額を少なくした方が得であるため，Wi＝Cixi が成立するので，これをR（xi）－Wi に代入すると，式R（xi）－Cixi が導出される（125頁）。したがって「資金提供者」は，R（xi）－Cixiを最大にする生産量xiを「企業」に対し要求することになる（125頁）。

　ここで，「企業」の生産量を1単位増加させることの限界的な収入をMR（xi）とすれば，生産を1単位増加させることの限界的な費用はCiであるため，「資金提供者」にとっての利益最大化は，限界収入MR（xi）と限界費用Ciとが一致するところで決定される（126頁）。そこで，最適な要求生産量xi*は，MR（xi*）＝Ci, （i＝H, L）を満たすものとなる。そして，もし「企業」がこのような出資条件（W*H, x*H）および（W*L, x*L）を受け入れたとすれば，「企業」が得るレント（超過利得）はゼロとなる（126頁）。

　ところが，情報の「事前の非対称性」が存在して「資金提供者」が「企業」の収益力の十分な情報を持たない場合に，収益力が高い「企業」が出資条件（W*L, x*L）を受け入れることになれば，その利得はW*L－CH x*L＝CL x*L－CH x*L ＞ 0（CH, CLは限界費用）となり，「企業」にレントが生じることになる（127頁）。そのため，収益力が高い「企業」は，収益力の低い「企業」の契約を受け入れることを選択する（127頁）。他方，「資金提供者」にとっては，異な

るタイプの「企業」に異なる契約を受け入れさせることができない状態となる（127頁）。

　そこで，「資金提供者」において，収益力が異なる「企業」に異なった出資条件を受け入れさせるには，次の条件を設定する必要がある（127頁）。

$$\text{WL} - \text{CL xL} \geq \text{WH} - \text{CL xH} \qquad (1)$$

$$\text{WH} - \text{CH xH} \geq \text{WL} - \text{CH xL} \qquad (2)$$

　条件 (1) は，収益力の低い「企業」のタイプに応じた契約 (WL, xL) の受け入れによる利得が，収益力の高い「企業」のタイプに応じた契約 (WH, xH) の受け入れによる利得よりも大きいことを示す式であり，この条件が満たされるときに，収益力の低い「企業」は自分のタイプに合った契約を自発的に選択することになる（127頁）。同様に条件 (2) は，収益力の高い「企業」が自分のタイプに応じた契約を受け入れることの合理性を保証するものとなっている（127頁）。

　さらに，2つのタイプの「企業」は，出資条件を受け入れずに留保効用 V = 0 を獲得することもできるため，次の条件，即ち「個人合理性制約」が成立する（128頁）。

$$\text{WL} - \text{CL xL} \geq 0 \qquad (3)$$

$$\text{WH} - \text{CH xH} \geq 0 \qquad (4)$$

　そして，以上の4つの条件のもとで，「企業」は，次の (5) 式で示された期待利得が最大となる出資条件 (WL, xL)，および (WH, xH) を「資金提供者」に提示するのが確実となる（128頁）。

$$q\,[R\,(xH) - WH] + (1 - q)\,[R\,(xL) - WL] \qquad (5)$$

　ここでは，既述のように出資条件提示時において，「資金提供者」が，確率 q で「企業」の収益力が高い (CH) と判断し，確率 1 − q で低い (CL) と予想している（128頁）。そして，確率 q の場合に直面した時には利得として R(xH) − WH を獲得し，確率 (1 − q) の場合に直面した時には利得 R (xL) − WL を獲得することになる（128頁）。

　以上により条件式が確定したので，次に (1) から (4) の4つの制約条件につ

き分析が必要となる。条件 (3) においては，必ず等号 (WL = CL xL) が成立するので[3]，これを条件 (1) および条件 (2) に代入すると，それぞれは次のような式となる (129頁)。

$$0 \geq WH - CL\ xH \qquad\qquad (1')$$

$$WH - CH\ xH \geq (CL - CH)\ xL \qquad\qquad (2')$$

ここで，もし条件 (2') において等号が成立していないとすれば，「資金提供者」は，出資額 WH を同額だけ減少させることが可能となる (129頁)。そこで，「資金提供者」の最適化と矛盾しないためには，条件 (2') が等号で満たされる必要があり，WH − CH xH = (CL − CH) xL が成立することになる (129頁)。

こうして，条件 (2') が等号で満たされるので，WH = CH xH + (CL − CH) xL を条件 (1') に代入すると，0 ≥ (CL − CH) (XL − XH) となる (129頁)。他方で，(1') と (2') の不等式を足し合わせると，(CL − CH) (XL − XH) ≥ 0 が成立する (129頁)。これにより，(CL − CH) (XL − XH) は等号で満たされるため，条件 (1') は，条件 (2') が等号で満たされるのを妨げないことになる (129頁)。

したがって，以上の (1) から (4) の制約条件より，WL = CL xL，および WH − CH xH = (CL − CH) xL を式 (5) に代入すると，式 (6) が導出される。

$$q[R(xH)-CH\ xH]+(1-q)[R(xL)-CLXL-\frac{q}{1-q}(CL-CH)XL] \qquad (6)$$

この式が，情報に非対称性が存在する場合に，「資金提供者」が出資して期待利益が最大となる条件を表すものとなる。

２．２ 情報の「事前の非対称性」が存在するケースにおける 社会的非効率の発生

以上により，情報の「事前の非対称性」が存在するケースにおいて，プレイヤー「資金提供者」と「企業」とが，どのような選択肢を採るかが分析され，「資金提供者」の期待利益のモデル (6式) が導出された。当該式の第1項の利得 [R (xH) − CH xH] は，収益力が高い「企業」との契約の生産量 xH に関わる利得を表しているが，これは，情報に対称性がある場合 (5式・第1項) と一致する。し

たがって，「資金提供者」の期待利得を最大にする，収益力が高い「企業」の生産量xHは，最善解x*Hと一致するものである（130頁）。

　そして，6式の第2項の利得 [R (xL) − CLXL − $\frac{q}{1-q}$ (CL − CH) XL] については，収益力が低い「企業」との契約の生産量xLに関わる利得を表すが，ここでは，最善解R (xL) − CLXLに対して，$\frac{q}{1-q}$ (CL − CH) XLの差異が生じている。これは，「資金提供者」にとって，収益力が低い「企業」との契約（生産量xL）において直面する費用が，最善解であるCLXLから，CLXL+$\frac{q}{1-q}$ (CL − CH) XLだけ増加したことを意味する（130頁）。この時，収益力が低い「企業」の生産量xLを限界的に1単位増加させると，「資金提供者」の限界費用（MC）は，CL+$\frac{q}{1-q}$ (CL − CH) となる（130頁）。

図1　収益力が低い「企業」への投資による過少生産の状況

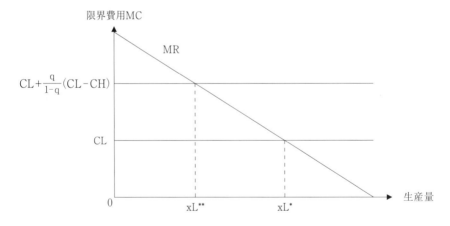

出所：中林・石黒編 [2010]，131頁を参照して作成。

　ここで，限界収入MR (xL) について見ると，収益力が低い「企業」の最適な生産量xL は，限界収入＝限界費用，即ちMR (xL) = CL+$\frac{q}{1-q}$ (CL − CH) となるところで決定される（130頁）。これを図示したのが図1であり，限界費用が増加した分だけ，最適な生産量は，最善解xL*よりも減少している。即ち，達成

される生産量xL**は，最善解xL*と比べて少なくなることが明らかである（130頁）。

　こうした社会的非効率が生じるのは，情報の「事前の非対称性」が存在することに起因し，収益力の高い「企業」が収益力の低い「企業」と同等の契約を「資金提供者」と交わすことにより，より低い費用CHに基づいて収益力の低い「企業」と同等の生産量xLを達成し，その一方で低い生産費用をカバーするだけの賃金 WL = CLXL を確保することができるからである（131頁）。収益力が高い「企業」にとっては，収益力の低い「企業」を模倣することによって，WL − CHXL ＝（CL − CH）XL のレントが獲得できるのである（131頁）。

　かかる状況においては，「資金提供者」が，収益力の高い「企業」から真の情報を引き出すために，少なくとも（CL ── CH）XLのレントを保証しなければならない（131頁）。当該レントは，xL（収益力の低い「企業」の生産量）が増加すればするほど上昇する。しかし，「資金提供者」にとってみれば，収益力が低い「企業」への出資は少ない方が得であるから，当該レントを減少させるインセンティブがもたらされる（131頁）。そこで「資金提供者」は，収益力が高い「企業」に支払うレントを引き下げるために，収益力が低い「企業」の生産量xLを最善解よりも低く抑える選択をし，過少な生産が実現することになる（131頁）。その結果，収益力の低い「企業」の生産量XLに関わる費用として $\frac{q}{1-q}$（CL − CH）が追加されるため，この費用によってXLの生産量が過少となる（132頁）。こうして，情報の「事前の非対称性」が存在するケースにおいては，社会的非効率が発生するのである。

3．企業が公正価値会計情報を 開示するインセンティブの存在

　以上の考察により，情報の「事前の非対称性」の存在，即ち契約前に私的情報が資金受領者（ここでは企業）に存在することに起因し，資金提供者の利得が減少するメカニズムが説明された。収益力の高い企業が，収益力の低い企業と同等の契約を資金提供者と交わすことによって，より低い費用での生産活動が可

能となる。この時，当該企業の利得が増える一方で，資金提供者に余分のコストがかかり，結果的に社会的非効率が生じることになる。

　そこで，情報の「事前の非対称性」の存在による社会的非効率を緩和するには，企業の収益力に関する情報を資金提供者に提供する社会規制を設定するのが有効な手段となる。現行の実定制度のもとでは，外部者が利用できる殆ど唯一の内部情報が会計情報であり，それにおいて，潜在部分を含めた収益力を正確に査定できる情報が含まれれば，情報の「事前の非対称性」を緩和化することができる。

　そして他方で，資金を受取る企業の側においても，公正価値会計情報を開示するインセンティブが存在していることが，第5章で説明された「他者間の懲罰戦略」の理論を援用することで，明らかにできる。当該戦略が，私的情報を持ちかつ収益力が高い企業に対して作用するならば，これによって，会計情報を積極的に開示するインセンティブが生まれるのである。

図2　公正価値開示有無による「資金提供者」と「企業」の利得

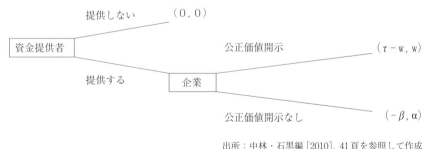

出所：中林・石黒編［2010］，41頁を参照して作成

（第5章・第5節，図表6と同じ）。

　このことをゲーム理論によって示すため，第5章・第5節で示された様に，ゲームのプレイヤーを「資金提供者」および「企業」とし，公正価値評価額（特にマイナスとなる価額）が含まれた情報が開示されたかどうかを利得に反映して，図2の様なゲーム・利得表を設定する（以下のゲーム・ルールは，第5章・第5

節と同様，中林・石黒編 [2010]，41-42頁より引用）。

　図の最初のノードにおいて，「資金提供者」は，「企業」に資金提供をするかしないかを選択する。最初に「資金提供者」が資金提供を選択しなかった場合，利得は (0, 0) となる（前が資金提供者，後が企業の利得）。「資金提供者」が資金提供を実行する場合，「企業」の利得はWとなる。ただし「企業」は，公正価値会計制度に基づく損失につき，適切に開示するかしないかを選択する。開示した場合，「企業」の利得はWであり，開示しない場合はα（α＞W）とする。またこのとき，「資金提供者」の利得は，「企業」が開示を選択した場合には τ － W，開示しなかった場合は－ β （＜0）とする。そして最初のゲームが行われた後，同じゲームが繰り返し行われるものとする。ここで「資金提供者」は，公正価値会計情報を開示しなかった「企業」には今後資金提供をせず，開示した「企業」にのみ資金提供が実行されるものとする。

　さらに，もう一つのルールとして，「資金提供者」の都合によって公正価値会計情報を開示した場合でも，一定の確率で，その後「企業」に対し資金提供されない可能性があるものとする。また，資金提供を受けなかった「企業」において，再び資金提供を受ける確率を設定する。ただしここでは，適正に開示しなかったために資金提供を受けられなかった場合の確率，および「資金提供者」の都合で資金提供が無かった場合の確率がそれぞれ設定される。

　また，以上で設定されたルールに基づくゲームにおいては，「資金提供者」が次に挙げた戦略をとる場合に，「部分ゲーム完全均衡」が成立する（中林・石黒編 [2010]，42頁）。

① 「資金提供者」が資金提供を実行し，「企業」が公正価値会計情報を開示した場合，次の期間も資金提供を受けることができる。

② 「企業」が情報を正しく開示しなかった場合，「資金提供者」は二度と資金提供をしない。

③ 「資金提供者」は，過去に自身のみならず「他の資金提供者」すべてに公正価値会計情報を正しく表示した「企業」にのみ，資金提供を行う（他者間の懲罰戦略）。

　そして，第5章・第5節・第2項で説明された様に，上記ゲーム・ルールに基づいて利得のモデルを設定し，これを解析することにより，公正価値会計情報，とくに「含み損」を適正に表示すれば，「企業」の利得が増加することが明らかになる。当該ゲーム理論の均衡分析によれば，資金を受ける側にとっても，公正価値評価を含んだ会計情報を正直に開示した方が，受取る利得が増加する可能性が高まるのである。

　公正価値会計情報については，近年，減損会計および金融商品会計において，外部への開示が制度化されている。前者は，固定資産の将来キャッシュ・フローが算出されるため，投下資本の潜在収益力を査定することができる。また後者では，継続的に保有する金融商品の当該年度期末価額が算出されるので，企業の資金運用力が明確となる。事前のモニタリングにおいては，当然，企業側のみに私的情報が存在するが，事業用資産から得られるキャッシュ・フローの状況，および保有金融（派生）商品の期末時点における評価額が外部に対して明らかとなれば，収益力の高い企業に対し，真の情報を引き出すために支払うコスト（前節によれば $(CL - CH) XL$）を減らすことが可能となる。こうして，情報の「事前の非対称性」の存在による社会的非効率の発生を抑えることができる。

4．金融商品会計情報の特質と情報の
「事前の非対称性」緩和化の可能性

　以上のとおり，まず第2節の考察によって，情報の「事前の非対称性」が存在する状態においては，資金提供者の利得が減少する可能性が高まることが明らかとなった。また第3節では，資金提供者による「他者間の懲罰戦略」の採用を想定した経済社会において，公正価値会計情報を開示することにより，企業の利得も増加する可能性が高まることが示された。そこで本節では，公正価値評価が前提となるわが国の金融商品会計基準で規定された測定値につき，その特質と限界を明確にする。そのうえで，当該測定値の開示により，情報の「事前の非対称性」の緩和化が達成され得るかを考察する。

4.1　金融商品取引において測定される公正価値会計情報の特質

4.1.1　金融商品会計制度における公正価値評価導入の経緯

　近年においては，企業における金融（派生）商品の取引が，金額において重要な部分を占めるようになっている。かつて，FASB（米国財務会計基準審議会）やIASC（国際会計基準委員会）の金融商品会計基準設計プロジェクトにおいては，デリバティブ取引に対する規定の未整備について特段に着目し，これを調整していくことに重点が置かれた経緯がある[4]。わが国の会計規制においても，企業会計基準第10号（企業会計基準委員会 [2008]）において，デリバティブ取引により生じる債権及び債務につき，時価をもって貸借対照表価額とし，評価差額は原則として損益処理される旨が規定されている。

　当該取引の特質は，商品自体に価格を決定する実体はなく，原資産価格から派生的に価格が決定され，多くは契約締結時点で金銭等の授受が生じないことである（吉田 [2013]，52頁）。そして，期末に公正価値評価が行われ，資産・負債の増減額および損益が，財務諸表に計上される。企業会計基準第10号では，デリバティブ取引によって生じる正味の債権及び債務の時価の変動につき，これは企業の財務活動の成果と考えられることから，その評価差額を当期損益として処理するのが妥当であると説明している（企業会計基準委員会 [2008]，第88段）。

4.1.2　金融商品の公正価値評価における「公正価値ヒエラルキー」の規定

　そして，IASBおよびFASBの規定では，金融（派生）商品の公正価値評価において，「公正価値ヒエラルキー」の概念が適用される（詳しくは，第3章を参照）。そこでは，評価技法に投入されるインプットの観察可能性のレベルにより，三つの序列が措定されている。したがって，三つに類別されたインプットにより計算される測定値にも，三つのヒエラルキーが存在することになる。このことが，金融商品会計における公正価値評価の特質と言える。

　ヒエラルキーがレベル1のインプットは，同一の資産または負債に係る，報告主体が測定日においてアクセスすることが可能な活発な市場における，調整

前の相場価格である（FASB [2006], par.24）。そして、デリバティブ取引の主要な商品であるオプションの期末評価については、原資産価格、権利行使価格および非危険利子率がレベル1に含まれるが、ボラティリティ値はレベル2に含まれる（*ibid.*, par.28）。レベル2は、レベル1の枠内の相場価格以外で、当該資産または負債に関する、直接的または間接的に観察可能なインプットである。

4．1．3　「デリバティブ取引」を測定するブラック・ショールズ・モデルの特質

したがって、企業が保有するオプションの測定においては、レベル2のボラティリティ値がインプットされるため、測定値の「信頼性」が問題となる。会計実務においては、ブラック・ショールズ・モデル（以下、BSモデル）がオプションの評価技法として一般に用いられるため、以下でこの特質を見て行くことにする（詳細は、第3章補論・補論Aを参照）。

BSモデルの構築においては、株価Sが、伊藤過程 $dS = a(S, t)\cdot dt + b(S, t)\cdot dZ$ に従うと仮定される[5]。株価のモデル式を $\frac{dS}{S} = \mu\cdot dt + \sigma\cdot dZ$ として、両辺にSを乗じると、$dS = \mu S\cdot dt + \sigma S\cdot dZ$ であるため（μ は期待収益率、σ は株価のボラティリティ）、株価Sは伊藤過程に従っている。このとき、金融派生商品の価格 $f(S, t)$ は伊藤のレンマ $df = \left(\frac{\partial f}{\partial S}\cdot a(S, t) + \frac{\partial f}{\partial t} + \frac{1}{2}\frac{\partial^2 f}{\partial S^2}\cdot |b(S, t)|^2 \right) dt + \frac{\partial f}{\partial S}\cdot b(S, t)\cdot dZ$ に従うことになる。

ここで、株価Sの株式を $\frac{\partial f}{\partial S}$ 単位買い、価格 $f(S, t)$ のコール・オプションを1単位売るとすれば、このポートフォリオの価値は $\frac{\partial f}{\partial S}\cdot S - 1\cdot f(S, t)$ となり、Δt 時間におけるポートフォリオの変化量は $\frac{\partial f}{\partial S}\cdot\Delta S - 1\cdot\Delta f$ となる。そして、この式の ΔS および Δf に対して伊藤過程及び伊藤のレンマの式を代入すると、BS微分方程式 $r\cdot f(S, t) = \frac{\partial f}{\partial t} + \frac{1}{2}\frac{\partial^2 f}{\partial S^2}\cdot\partial^2 S^2 + r\cdot\frac{\partial f}{\partial S}\cdot S$ が設定される（ただしrは非危険利子率）[6]。そしてこの方程式を解くことによって、次のBS公式が導出される。

$$f(S, t) = S\cdot N\left(\frac{u}{\sigma\sqrt{x}} + \sigma\sqrt{x} \right) - X\cdot e^{-rx}\cdot N\left(\frac{u}{\sigma\sqrt{x}} \right)$$
$$\left(\text{ただし } u = \log\frac{S}{X} + \left(r - \frac{\sigma^2}{2} \right)x \right)$$

この公式の各パラメタにつき、S に現在株価、X に権利行使価格、x に期間（例えば現時点と満期日の期間が2ヶ月とすれば $\frac{2}{12} = 0.1667$）、σ にボラティリティ、

rに非危険利子率をインプットすれば，オプション・プレミアムを算出できる。

4．2　金融商品会計情報における情報の「事前の非対称性」緩和の可能性

4．2．1　ＢＳモデルの前提と限界

以上のように，ＢＳモデル式は，株価の時系列の動きが，傾きaの直線と，ウィーナー過程（ランダム・ウォークの極限の動き）との合体によって推移すると仮定されている（石村・石村［2008］，122-123頁）。株価は，伊藤過程に従う株価のモデル式$\frac{dS}{S} = \mu \cdot dt + \sigma \cdot dZ$が前提となっており，短期においてランダム・ウオークをしながら，長期には直線的動きをする時系列となる[7]。したがって，ＢＳモデルのインプットである株価は，時系列が長期において直線的となり，短期にはランダム・ウオークとなることが前提である。

したがってそこでは，リーマン・ショックの時のような，急激な株価下落を折り込んでいないことが明らかである。突然の株価暴落が生じることで株価の長期的直線性が崩れる可能性がある。さらには，株価モデル式に含まれるパラメタであるボラティリティ値（σ）は，公正価値ヒエラルキーがレベル2であるため，算出されるオプション価額の信頼性のレベルが相当に低くなる。

また，ＢＳモデルにおいて，将来時点における株価の分布は，今日の値に基づいた対数正規分布になると仮定される[8]。ＢＳモデル公式の導出においては，オプションの価格$f(S, t) = \log S$の動きとしてのdfを求め，そこからＢＳ微分方程式が設定され，これを解くことによりＢＳモデル公式が導出される。このような，将来の株価が対数正規分布するものと仮定して構築されたモデルに対しては，アット・ザ・マネーのオプションを正しく評価するが，イン・ザ・マネーとアウト・オブ・ザ・マネーのオプションは正しく評価できない傾向が示される（Hull［1991］，pp.488-489）。

4．2．2　金融商品会計情報による非対称性緩和の可能性

以上のとおり，企業の資金運用活動における主要な取引であるオプションの評価技法であるＢＳモデルには，重大な限界が含まれている。そこで，公正価値会計による，情報の「事前の非対称性」の減衰化を目途とするためには，原価会

計に基づく情報との相違点を確認しておく必要がある。

　オプション取引においては，リスクとリターンが原資産の値動きに依存するため，契約締結時から決済時までに原資産価格の変動があれば，リスクおよびリターンを反映した時価も変動することになる。BSモデルにインプットされる株価は，時系列が長期において直線的で，かつ短期にはランダム・ウオークするのが前提であるため，上記のように，株価の急激な変動があれば，アウトプットの信頼性が損なわれるのである。

　ただし，近時の金融技術の発展と普及に伴って，プライシング・モデルに対する測定者間の合意は相当程度まで形成されており，とりわけ今日のファイナンス理論は，将来キャッシュ・フローの分解および合成を通じて複製可能とも考えられている（吉田 [2013]，191頁）。不合理な市場規制がなく，十分な知識のある多くの取引参加者が活発な売買を繰り返す市場であれば，当該市場情報に基づく公正価値の見積りに対する信頼性の問題は少ないとの判断が可能である（同上，191頁）。そこで，期末にBSモデルなどにより算出されるプレミアムは，当期における資金運用活動の達成成果を表す価額と考えることができる。

　これに対し，原価会計は，決算日時点で約定中のオプション取引につき，原資産価格の変動に起因して将来キャッシュ・フローが変動したときに，その事実を忠実に反映することができない[9]。支出した対価を基礎として認識及び測定を行う会計が前提であれば，契約締結時および決算時に金銭の授受が生じないオプション取引は，認識の対象外となる。この時，企業（資金受入側）において行われる資金運用活動の成果は，資金提供者に示されないことになる。

　したがって，この様な「ゼロ」の価額と，「信頼性」に問題が残るもののBSモデルなど一般にコンセンサスが得られた計算技法を用いて測定された価額とを比較する場合，後者の方が，実質に一層近い価額で，資金運用活動の成果を表現したものとなる。測定値算出の前提および内在する限界を理解しさえすれば，公正価値会計情報の方が，情報の「事前の非対称性」の度合を減衰させるのに，一層有効であると考えられる。

5. お わ り に ──考察の結論──

　以上のとおり，本章の考察では，経済学の分析手法である「比較制度分析」の一分野である「契約理論」を援用し，資金提供者と企業との間に情報の「事前の非対称性」が存在するときに，資金提供者の利得が減少するメカニズムが説明された。さらに，「比較制度分析」の一分野である「ゲーム理論」により，企業側には，公正価値会計情報を開示して私的情報を減らすインセンティブが存在することが示された。この様な演繹的考察から，資本投下および資金運用の成果を測定・表示する公正価値会計は，特に含み損が明らかになるため，情報の「事前の非対称性」の度合を減衰させるのに有用であると考えることができる。

　こうして本章では，企業に対する事前モニタリングにおいて，公正価値会計情報が有用であると判断した。しかし第3章では，公正価値会計に対する「信頼性」欠如の問題の内実が説明されている。そこで，本章第4節で示された，測定値の特質と限界について，これを広く社会に周知させていくことが望まれる。そして第4章で説明された様に，「比較制度分析」の観点からは，公正価値会計につき十分な知識を持つ関係者が増加することにより，当該制度の導入が社会全体の利得増加を達成可能にすると考えられる。

　したがって以上より，本研究の目標仮説である「特定の社会的要因の存在により，企業への資金提供者にとっては，原価会計よりも公正価値会計の方が，意思決定に有用な情報を獲得することができる。」に対し，妥当であるとここで結論付ける。

注
1　多くの契約では，一方の当事者に情報が偏在し，通常は，タスクの遂行者が，当該タスクに関する良質な情報をより多く保有している（藤井［2017］，25頁）。かかる非対称性については，取引契約作成の前に経済主体が何らかの私的情報を持つ「事前の非対称性」と，取引契約の後で経済主体が何らかの私的情報を持つ「事後の非対称性」に峻別される（中林・石黒編［2010］，93頁）。そして，事前に私的情報が存在する場合は「隠された情報

（hidden information)」の場合とも呼ばれ，事後にこれが存在する場合は「隠された行動
（hidden action)」の場合とも呼ばれる（同上，93頁）。

2 中林・石黒編［2010]，94頁では，「企業」と「労働者」の間に交わされる労働契約を考察対
象としてモデルが設定されている。本章ではこれを，「資金提供者」と「企業」との間に交
わされる出資契約に置き換えている。一方が資金を提供したうえで，他方が真面目に活動
するかをモニタリングするという両者の関係につき，同様であるとここでは判断してい
る。

3 まず，条件 (2) および CL ＞ CH より，WH − CH xH ≥ WL − CH xL ≥ WL − CL xL が成
立する。したがって，条件 (3) より WH − CH xH ≥ 0 となり，条件 (4) については必ず満
たされるため，これを制約条件から除外することができる。次に，条件 (3) につき，もし
等号が成立していなければ，「資金提供者」は，出資額 WL および WH を同額だけ減少させ
ることが可能となる。このとき，条件 (1) 式および (2) 式は WL と WH の同額の変化に対
して影響を受けず，「資金提供者」は制約条件を満たしながら出資額を減少させることが
できるため，「資金提供者」にとっての最適化と矛盾する。このため最適契約では，条件
(3) においては必ず等号（WL ＝ CL xL）が成立する。以上は，中林・石黒編［2010]，129
頁参照。

4 吉田［2013]，52頁。デリバティブは，債券，通貨，株式等の原資産の値動きに依存して価
格が決定される契約の総称であり，先物取引，先渡取引，オプション，スワップ等が該当
する。

5 一般化したウィーナー過程において，$\Delta X = a \cdot \Delta t + b \cdot dZ$ に対し，$\Delta t \to 0$ のとき，$dX = a \cdot dt + b \cdot dZ$ となる。伊藤過程では，かかる定数 a, b をそれぞれ a (X, t)，b (X, t) とする。
この時 $dX = a (X, t) \cdot dt + b (X, t) \cdot dZ$ となる。（石村・石村［2008]，133頁)。

6 詳しい導出過程は，石村・石村［2008]，146-152頁を参照。

7 石村・石村［2008]，123頁。このような動きは，「一般化したウィーナー過程」とよばれる。
時系列 S (t) が一般化したウィーナー過程に従って動いているとき，$\Delta S = a \cdot \Delta t + b \cdot \Delta Z$ な
らば，平均 $a \cdot \Delta t$，標準偏差 $b \cdot \sqrt{\Delta t}$ の正規分布 $N (a \cdot \Delta t, (b \cdot \sqrt{\Delta t})^2)$ に従う。

8 BS モデルにおいて，現在の株価 S が伊藤過程 $dS = \mu S \cdot dt + \sigma S \cdot dZ$ に従っているとき，コー
ル・オプション価格を $f (S, t)$ とすると，関数 $f (S, t) = \log S$ は，一般化したウィーナー過
程に従っている。$\log S$ の変化量を $\Delta \log S$ とすれば，$\Delta \log S = \left(\mu - \frac{\sigma^2}{2} \right) \cdot \Delta t + \sigma \Delta Z$ なので，$\Delta \log S$ は平均 $\left(\mu - \frac{\sigma^2}{2} \right)$，標準偏差 $\sigma \sqrt{\Delta t}$ の正規分布 $N \left(\left(\mu - \frac{\sigma^2}{2} \right) \cdot \Delta t, (\sigma \sqrt{\Delta t})^2 \right)$ に従ってい
る。現時点の株価を St とし，満期日のそれを ST とすると，$\log S = \log ST - \log St = \log \frac{ST}{St}$ で
ある（$\log \frac{ST}{St}$ は株価 S の投資収益率を表す)。したがってこれは，平均 $\left(\mu - \frac{\sigma^2}{2} \right)$(T-t)，標
準偏差 $\sigma \sqrt{T-t}$ の正規分布 $N \left(\left(\mu - \frac{\sigma^2}{2} \right) \cdot (T-t), (\sigma \sqrt{T-t})^2 \right)$ に従う。

9 吉田［2013]，53頁。欧米，とくにアメリカでは，1980年代以降，金融経済の進展やストッ
ク経済への移行と相俟って，歴史的原価会計への批判が起こり，金融商品に対する公正価
値評価の導入が進められた（角ヶ谷［2013]，36頁)。

第6章　補論　わが国の銀行における
事前モニタリングの退化とその必要性

　第6章の考察により，資金提供者とこれを受取る企業との間に情報の「事前
の非対称性」が存在する時に，資金提供者の利得が減少するメカニズムが説明
された。また，企業においても，公正価値会計情報を開示して情報の非対称性
を緩和化するインセンティブがあることが示された。本補論では，主たる資金
提供者である銀行が，戦後の高度成長期に事前モニタリングを十分に実施しな
かった事由，および当該モニタリングの必要性について説明する。

わが国の銀行で事前モニタリングが退化した理由

　わが国の高度成長期においては，企業に対するモニタリング活動が，おもに
銀行に委託されてきた（青木・奥野編 [1996]，234頁）。アングロ・アメリカ型シ
ステムでは，モニタリングにおいて，諸機関の内部に高度な専門知識を備えた
人材が存在していたが（同上，234頁），わが国では，企業モニタリングの専門知
識を備えた人材が慢性的に不足していたため，希少なモニタリングの資源を銀
行に集中させるのが現実的かつ効率的と考えられたのである（同上，234頁）。

　そこにおける，モニタリングの特徴的態様とは，事前モニタリング（投資プロ
ジェクトの収益性の評価と選別），および中間的モニタリング（投資資金が有効に
使用されているかのチェック）の両方が，銀行によって統合的に実施されたこと
である（同上，234頁）。これは，事前モニタリングが本来解決すべき，プロジェ
クトを保有する企業と資金を提供する投資家の間の情報の非対称性が，特段に
重要な問題とはならなかったことに起因すると考えられる（同上，234頁）。

　また，戦後の高度経済成長期に，わが国の銀行においては，事前の企業モニタリングによる，投資プロジェクトの収益性査定のインセンティブに乏しかったとも考えられている（同上，235頁）。その様になったのは，政府が低金利政策を推し進めたことによるものである（同上，238頁）。

　政府が自由競争下の預金金利（均衡金利）よりも低位の金利を設定した場合，銀行にレント（利得）が生じることになる。図において，均衡金利であるr_Oよりも低位のr_Dに金利が規制されることで生じるのが銀行のレントである（同上，238-239頁）。また，貸出金利をr_Lとすることにより，レントの一部が「企業」にも帰属することになる（同上，238頁）。

図　金利規制により生じる「銀行」のレント

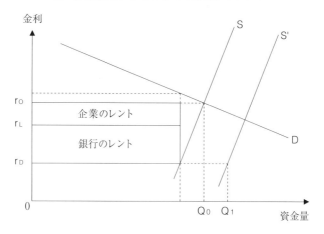

出所：青木・奥野編 [1996]，239頁。

　さらに図より，銀行が資金量を増やせば増やすほど，レントが増加することがわかる。政府の金融仲介によるレントの獲得は，銀行の預金ベース（すなわち資金量）を拡大するインセンティブをもたらし，図におけるS→S' のように，資金供給曲線の右シフトをもたらす（同上，239-240頁）。仮に資金供給の利子弾力性が大きくないとすれば，S' への移行によりレントが拡大するが，この時，

預金金利の低下効果（銀行にとってはマイナス）よりも，供給曲線のシフトの効果（銀行にとってはプラス）の方が大きくなる（同上，240頁）。こうして銀行は，資金量を増やすことで，十分な利得を得ることができるのである。

現在のわが国における事前モニタリングの必要性

　以上のように，戦後のわが国では，高度成長期において，銀行における預金ベースの拡大のインセンティブが日本経済全体の貯蓄率上昇につながり，経済成長につながったと考えることができる（同上，230頁）。わが国では，事前モニタリングが解決すべき，企業と投資家の間の「情報の非対称性」の軽減が重要な問題とならなかったため，銀行が投資プロジェクトの収益性を測る必要性を十分に認識していなかったのである。こうした状況は，1980年代に至ってもなお継続され，新たなビジネス・チャンスにアクセスする企業を適正に評価し選別する能力が，銀行において醸成されない結果となった（同上，243頁）。これが，バブルの発生と崩壊を誘導した淵源と考えられる（同上，243頁）。

　ところが，金利規制により銀行にレントが生じる状況は，バブル崩壊とともに消滅したと判断できる。この様な状況下で，銀行が不十分な事前モニタリングを行うと，将来にわたって得られたはずのレントを失うことになり，これが，当該モニタリングを行う新たなインセンティブとなる（同上，239-240頁）。さらに，デリバティブなどの金融商品取引が増加した今日においては，契約期間の各期末における中間的モニタリングを実施するインセンティブが高い状況にある。そこで当該モニタリングの精度を向上させるためには，保有する金融商品に対する公計価値会計情報の開示を企業に求める必要がある。

第7章　情報の「事後の非対称性」の存在に対する公正価値会計情報の有用性

1．はじめに ——本章の考察目的——

　本研究の目的は，第1章で示されたとおり，経済学の分析ツールである「比較制度分析」(comparative institutional analysis) を援用し，原価会計から公正価値会計へと制度が変化した要因を分析するとともに，これを踏まえながら，原価会計に対する公正価値会計の優位性，相対的有用性を検証することにある。既に第2章では，公正価値会計に内在する「信頼性」欠如の問題点が明確にされ，第3章でこれに対する目標仮説「特定の社会的要因の存在により，企業への資金提供者にとっては，原価会計よりも公正価値会計の方が，意思決定に有用な情報を獲得することができる。」が示された。

　そして第6章では，目標仮説に対する規範演繹的考察として，取引契約の「前」にエージェントが私的情報を持つ，情報の「事前の非対称性」が存在するケースが考察された。当該状態においては，プリンシパルの利得が減少するため，公正価値会計情報による事前モニタリングが，原価会計情報による同モニタリングよりも有用であることが説明された。これによって，目標仮説の妥当性が示された。

　そこで本章では，取引契約の「後」にエージェントが私的情報を持つ，情報の「事後の非対称性」のケースを考察対象とする。そして第6章と同様に，目標仮説「原価会計よりも公正価値会計の方が意思決定に有用な情報を獲得すること

ができる」につき，その妥当性を検証する。

　「比較制度分析」の先行研究によれば，情報の「事後の非対称性」が存在する場合には，エージェントの「モラル・ハザード」(moral hazard) が引き起こされやすいことが明らかとなっている[1]。こうした事態を避止するためには，資金提供後のモニタリング，即ち事後モニタリングを適切に行っていく必要がある。そのため本章においては，原価会計と比べて公正価値会計が，事後モニタリングにおいて有用となることを，「比較制度分析」を用いた規範演繹的考察によって明らかにしていく。これにより，目標仮説の検証が達成される。

　以下では，まず，情報の「事後の非対称性」が存在するときに資金提供者の利得が減少するメカニズムを，「比較制度分析」の一分野である「契約理論」の先行研究を援用して説明する（第2節）。次に，こうした状態を回避するために実施される，事後モニタリングの内容を概観し，当該実施には公正価値会計情報が有用であることを示す（第3節）。そして，公正価値会計情報のなかで，特に減損会計情報が，事後モニタリングにおいて有用となることを説明する（第4節）。

2．情報の「事後の非対称性」の存在により生じる利得減少のメカニズム

　まず本節では，資金提供者と企業の契約において，情報の「事後の非対称性」の存在が，如何なる点で非効率であるかにつき，「比較制度分析」の一分野である「契約理論」の先行研究を援用して分析する（本節における，中林・石黒編 [2010] からの引用については，文中にページのみを記している）。

2．1　情報の「事後の非対称性」の存在によるプリンシパルの利得減少

　考察の前提として，プリンシパルである「資金提供者」は，エージェントである「企業」に資金を提供し，「企業」はこれを受けた後に，その仕事に力を入れて一生懸命活動するか，それとも怠けるのかを決定する[2]。そして仕事の達成成果yについて，高い場合 ($y = Y > 0$) と，低い場合 ($y = 0$) の2つがあると仮定

する (94頁)。また,「企業」のメンバーが真面目に働いた場合, 達成成果が高くなる確率はP (0<P<1) で与えられ, 怠けた場合, 仕事の達成成果が高くなる確率はp (0<p<1) で与えられるものとする (94頁, ただしP>p)。以上をまとめたのが, 図表1である。

図表1　「企業」の努力の意思決定と生産性

		生産性	
		y = Y	y = 0
「企業」の努力	働　く	P	1 − P
	怠ける	p	1 − p

出所：中林・石黒編 [2010], 95頁。

　次に,「企業」がどれだけの利得を得るかは,「資金提供者」から受け取る資金wと, 自身が活動に投じた努力に依存しており, 一生懸命働いた場合に, その利得がu (w) − cであるとする (94頁)。c (>0) は, 活動することで生じる「企業」の不効用の大きさを表すものであり, u (w) は, 受け取る資金wによって得られる「企業」の効用の大きさを表す。つまりuは, 資金w に対して定義される効用関数であり, u (w) は, 資金wに関して増加すると仮定される。ここで, 個々の主体の目的が, 自己利得の期待値の最大化にあると仮定すると,「資金提供者」の利得は,「企業」の達成成果y (y = Yまたはy = 0) から支払額wを差し引いた金銭的利潤 Π = y − wと定義される (95頁)。

　そしてここで,「企業」が一生懸命に活動したかどうかを観察することができず, かつ「企業」が「リスク回避的」[3]であるケースを想定する。もしも, 成果がどのレベルであろうと一定の資金が得られ, かつ「資金提供者」はそれを観察できない場合,「企業」にとっては活動を怠ける誘因を持つことになる。その時に「資金提供者」は,「企業」が真面目に活動したかどうかに応じて出資金を決定することができない状態になる。

　この様なケースでは, 如何なる条件を「企業」に提示すれば真面目に働いて

もらうことができるかを考える必要がある。ここで,「企業」の達成成果がyであり,これについては「資金提供者」の観察が唯一可能であるため,達成成果に応じて「企業」への出資額を決定することは可能である(102頁)。そこで,観察可能な達成成果をyとし,これが高かった場合をy = Y, 資金提供額をwhとし,これが低かった場合をy=0, 資金提供額をwlとすると,「企業」が真面目に活動したときには,式 (1) の期待利得を得ることができる(102頁)。

$$\mathrm{P\,u\,(wh) + (1 - P)\,u\,(wl) - c} \qquad (1)$$

式において,Pは,「企業」が真面目に活動した時に達成成果が高くなる確率であり,0<P<1である。また,cは,働くことで生じる「企業」の不効用の大きさを表し,c>0である。

これに対し,「企業」が活動を怠けた場合には,式 (2) のような期待利得を得ることになる(102頁)。

$$\mathrm{p\,u\,(wh) + (1 - p)\,u\,(wl)} \qquad (2)$$

この式では,「企業」が活動を怠けた場合に,達成成果が高くなる(y = Y)ような 確率がpで与えられており,また怠けた場合に,「企業」は活動することの不効用c>0を負担しないことが勘案されている(102頁)。

以上より,「企業」を怠けずに活動させるための条件とは,式 (1) が式 (2) を上回るような場合であり,式 (3) で示された不等式が満たされれば,「企業」は怠けずに真面目に活動することを選択する(102頁)。

$$\mathrm{P\,u\,(wh) + (1 - P)\,u\,(wl) - c \geq p\,u\,(wh) + (1 - p)\,u\,(wl)}$$
$$\therefore \quad \mathrm{(P - p)\,(u\,(wh) - u\,(wl)) \geq c} \qquad (3)$$

式 (3) の左辺は,「企業」が真面目に働いた場合に,怠けた場合と比べてどれだけ追加的な利得増加があるかを示している(103頁)。即ち,真面目に働けば,怠けた場合と比べて,P-pだけ達成成果が高くなる確率が上昇し,これによって成果が高い場合と低い場合に獲得できる利得の差u (wh) - u (wl) の増加を見込むことができる(103頁)。他方で,右辺は真面目に活動することの追加的な費用を表しているため,不等式 (3) は,真面目であることで得られる追加的利益が追加的費用を上回る条件が示されている(103頁)。この条件が満たされ

るときに，「企業」は真面目に活動することを自発的に選択することになる（103頁）。

　以上より，「資金提供者」にとって，「企業」に真面目に働いてもらいたいときに満たされるべき制約条件は，個人合理性制約としてのu（W）− c ≧Vと[4]，(3) 式のP u（wh）+（1 − P）u（wl）− c≧p u（wh）+（1 − p）u（wl）の2つであり，これらの条件を満たす資金提供額whとwlのなかで，「資金提供者」の期待利得 PY −（ Pwh+（1 − P）wl）を最大にするものが，「資金提供者」にとっての最適な資金提供契約となる[5]。

　ここで，PYの項は一定であるため，「資金提供者」は，「企業」への資金提供額の期待値Pwh +（1 − P）wlを最小化すれば，期待利得の最大化が達成される（103頁）。この最適額（契約額）を（wh**, wl**）とすれば，これは，上記の2つの制約式の両方が等式で満たされる，whとwlの値により決定される（103-104頁）。なぜなら，まず，出資額whに対応する効用水準をuh ≡ u（wh）とし，同様に，出資額wlに対応する効用水準をul ≡ u（wl）とする[6]。すると，効用関数uは出資額に関して増加する性質を有すると仮定したため，効用水準が決定されたとすれば，それに対応する出資額の水準も，効用関数uから自動的に決定されるからである（104頁）。

　そこで，効用水準uhとulを用いて，上記の2つの制約式を書き直すと，各々は次のようになる（104頁）。

$$P\ uh +（1 − P）ul − c ≧ V \qquad\qquad (4)$$

$$（P − p）（uh − ul）≧ c \qquad\qquad (5)$$

不等式 (4) と (5) をみたすuhとulの組合せをグラフにしたものが図表2の斜線部分であり，図中の交点（uh**, ul**）において最適出資額が決定し，「資金提供者」の出資額の期待値が最小となる[7]。

図表2 情報の「事後の非対称性」が存在する場合の最適契約点

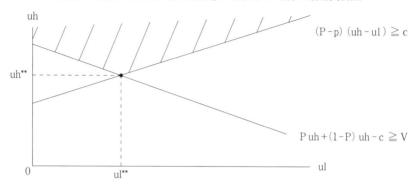

出所：中林・石黒編 [2010]，105頁を参照して作成。

　ここで，「企業」が真面目に活動しているかを観察できない状況での最適な出資契約（wh**, wl**）について見ると，式（5）およびc＞0よりu（wh**）＞u（wl**）となり，かつ効用関数uは出資額に関して増加関数であるため，wh**＞wl**となる（105頁）。この不等式の意味するところは，観察可能な達成成果が高いときに「企業」が得るwhが，低いときに得るwlよりも低ければ，「企業」は，わざわざ追加的な費用c＞0をかけてまで真面目に活動しないことである（105頁）。そのため「企業」に対しては，達成成果が高いときにはそれが低いときよりも相対的に多い出資額を支払う必要に迫られる。

　このことから，「企業」の活動ぶりが十分に観察できない場合には，観察可能な成果に応じて出資額が変動するため（wh**＞wl**の状態），「企業」のリスクすべてを「資金提供者」が負担することにならず，その結果，効率的なリスク配分が達成されないことになる（106頁）。こうして，「企業」の活動が直接に観察できない以上，観察可能な何らかの成果を特定し，これに応じた出資額を決めることで，真面目に活動するインセンティブを企業から引き出さなければならない（106頁）。そのため，「企業」にリスクの一部を負担してもらう事態が生じるのである（106頁）。

　以上の分析から，「企業」が真面目に活動するインセンティブを引き出すためには，「資金提供者」が，効率的リスク配分を諦めなければならないことが明ら

かとなる（106頁）。この様な配分の発生に起因して，資金提供者が獲得できる
期待利得は，次のように表すことができる（106頁）。

$$\Pi^* = PY - (\mathrm{Pwh}^{**} + (1-P)\mathrm{wl}^{**}) \tag{6}$$

２．２　情報の「事後の非対称性」が僅少な場合のプリンシパルの利得増加

　次に，以上の状態とは逆に，「企業」が一生懸命に活動したか怠惰であったか
が「資金提供者」にも観察でき，情報の「事後の非対称性」が存在しない状況に
ついて考える。ここで，前節と同様に，「企業」が「リスク回避的」である場合
を想定すると，「資金提供者」は，達成成果にかかわらず一定の資金提供を行う
ことで常に「企業」のリスクプレミアム分を吸収できるため，費用を最小化す
る出資契約とは，「企業」に一定資金（ここではWとする）を支払うことである
（100頁）。

　また「企業」が，少ない受取額であるため「資金提供者」と契約しなかった場
合に，外部の金融市場でVという一定の利得（留保利得）が確保できると仮定す
れば，「資金提供者」は，企業に懸命に働いてもらいたいため，u（W）− c ≧ V
という条件を常に成立させる（101頁）。そして，効用関数u（W）は，出資額に
関して増加する性質を有するため，「資金提供者」は，「企業」の合理性制約を満
たす最小の出資金，すなわち以下の式（7）を満たす資金（W^*）を提示すること
になる（101頁）。

$$u（W） = c + V \tag{7}$$

　ここでは，「企業」が真面目に活動したかの観察が可能であるため，真面目に
活動した場合には資金W^*を支払い，そうでなければ少ない資金を支払う契約
を提示することで，真面目に活動させることが可能となる（101頁）。この場合
に，「資金提供者」が獲得できる期待利得（Π^*）は，以下の式（8）を満たす。

$$\Pi^{**} = PY - W^* \tag{8}$$

　そしてこれは，「企業」が真面目に活動したか観察できないケースにおいて導
出された「資金提供者」の期待利得である$\Pi^* = PY - (\mathrm{Pwh}^{**} + (1-P)\mathrm{wl}^{**})$より
も高い値となる（106頁）。前節で示されたΠ^*の値は，観察可能な成果に応じた

出資額の変動が盛り込まれており（wh** ＞ wl**），「企業」のリスクすべてを「資金提供者」が負担することができない（106頁）。このため，効率的なリスク配分が達成されずに，資金提供者の利得が減少することになる。

3．情報の「事後の非対称性」を緩和する公正価値会計情報

以上の「契約理論」を用いた考察により，情報の「事後の非対称性」が存在し，エージェントの活動を管理するための情報が十分に得られない場合に，プリンシパルの利得が減少するメカニズムが明らかにされた。そこで次には，情報の「事後の非対称性」を緩和するため社会で実施することができる，企業へのモニタリングの内容を概観し，そこにおいて，プリンシパルの利得である「フランチャイズ・バリュー」（franchise value）を査定する意義を説明する。そのうえで，当該査定においては，公正価値会計情報が原価会計情報よりも有用となり得ることを示す（本節において，青木・奥野編 [1996] からの引用については，ページのみを記す）。

3．1 企業モニタリングにおける「フランチャイズ・バリュー」査定の意義

既述のとおり，プリンシパル（資金提供者）とエージェント（企業）との契約においては，情報の非対称性が存在する可能性があり，これが企業におけるモラル・ハザードの発生につながる。そこでプリンシパルは，エージェントの現状および将来状況を査定するため，モニタリングを行うことが有効な手段となる。図表3で示された様に，企業モニタリングは資金移転のタイミングによって，三段階に峻別することができる（227頁）。

表中で示されたモニタリングのなかで，本章の考察と関連するのは，「事後モニタリング」であることが明らかである。ここでは，エージェントにモラル・ハザードが生じ，これをプリンシパルが監視できないケースに着目する必要がある。かかる状況下においては，経営者によるモラル・ハザードのインセンティブが高まり，プリンシパルの利得が減少することになる。

　そこで，この様な事態を回避するためには，プリンシパルが積極的に「事後モニタリング」を行う必要がある。そして，当該実施のインセンティブとしては，リターンとしてのレント（rent）の獲得を挙げることができる（215頁）。「事後モニタリング」の徹底によってエージェントの業績好調が続くことになれば，契約によってもたらされるレントの最大化が期待できる（215頁）。

図表3　三段階の企業モニタリングの活動内容と内在する問題点

モニタリングの段階	活動内容	内在する問題点
事前モニタリング	・企業が保有する投資プロジェクトの収益性の評価および選別。	・初めての投資先の場合に獲得できている企業情報が十分ではない。 ・資金提供者が、プロジェクトの潜在的収益性、リスクの情報を十分に保有しているとは限らない。
中間モニタリング	・プロジェクトへの資金提供後に、資金が有効に使用されているかのチェック。	・経営者による資金流用などのモラル・ハザードが監視できなきない。
事後モニタリング	・プロジェクトの進行に応じた財務状況の査定。 ・状況に応じた懲罰的措置。	・資金提供者がコミットメントできなければ、企業による、計画時のリスクの過少申告や、投資実行時のモラル・ハザードのインセンティブが生じる。

出所：青木・奥野編［1996］，227-230頁を参照して作成。

　このレントについて，経済学の研究領域では，将来に獲得する利得総計の現在価値である「フランチャイズ・バリュー」（franchise value）が該当すると考えられている（240頁）。より具体的には，出資のリターンとして獲得できる将来

の配当・利子の割引現在価値を想定することができる。そして，正確なフランチャイズ・バリューの査定が可能となることが，エージェントに対する「事後モニタリング」の重要なインセンティブとなる。当該査定が有効的に達成できる状況が生まれれば，「事後モニタリング」実施の志向が一段と高まり，情報の「事後の非対称性」の緩和化へとつながることが期待できる。

3．2 「フランチャイズ・バリュー」の査定に有用となる公正価値会計情報

そして，プリンシパルによる「事後モニタリング」においては，図表3でも示されたとおり，財務状況の査定が，主たる活動となる。そして，現実の社会規制のもとでの財務査定，とりわけフランチャイズ・バリューの査定を達成するには，企業会計制度に拠って作成・公表される財務情報を利用するのが，最も一般的といえる。

しかし，情報の「事後の非対称性」の存在により，公表財務諸表による財務状況の査定が阻害される可能性がある。本章第2節で説明されたように，エージェントの働きぶりをプリンシパルが観察できない状況において，プリンシパルは，達成成果に応じた出資額の決定を実施しなければならない。設定モデルに従い，観察可能な達成成果が高い場合にエージェントが得る利得をwh，低いときに得る利得をwlとすると，wh＞wlを前提条件として，プリンシパルは出資額を決定する。ここでは，情報の「事後の非対称性」の存在が想定され，活動状況が観察できない。そのため，把握可能な達成成果（ここでは生産額など）に依拠して出資額を決定しなければならず，エージェントにもリスクの負担が及ぶことになる。当然エージェントにとっては，whがwlよりも高ければ，活動するインセンティブが生じる。こうして，働きぶりが観察できる場合と比べて，それができない場合には，効率的なリスク配分が達成されない状態に陥る。

このような状況下で，「事後モニタリング」の精度向上につながる，既存の会計規制として，公正価値会計情報の開示制度に目を向ける必要がある。それまでの会計制度では，原価主義に依拠した会計実務が行われたが，当該財務情報には，金融（派生）商品の保有による余剰資金運用活動の成果や，固定資産の稼

働により獲得できる将来キャッシュ・フローの状況が反映されていなかった。そこでは，情報の「事後の非対称性」が顕現化する可能性も高まりやすい。もし，公正価値会計情報がプリンシパルに開示されれば，デリバティブによる余剰資金の運用の実績や，事業用資産へ投下した資本の長期的回収状況が査定できるため，エージェントの働きぶりを一層正確に観察することが可能となる。

　上記の様な問題に対しては，既にわが国を含む諸外国で，公正価値による資産評価を実定制度化（即ち会計基準化）する措置を講じている。公正価値会計においては，市場における資産売却時価や将来キャッシュ・フローの割引現在価値に基づいた，資産および負債の期末価額の再評価が実務に適用される。そして利益は，期首資本の公正価値（期待将来キャッシュ・フローの割引現在価値）である現在の市場収益率を獲得する能力から，期末資本の公正価値の差額として計算される（石川［2000］，223頁）。

　即ち，公正価値会計における事業用資産や金融（派生）商品の評価額は，将来に獲得されるキャッシュ・フローの割引現在価値である。他方で，上記の，事後モニタリングの査定に利用されるフランチャイズ・バリューは，将来に獲得する経済学的利得総計の現在価値と定義される。したがって，プリンシパルが，公正価値会計の情報，具体的にはデリバティブの期末評価差額や減損損失額を得ることにより，間接的に，フランチャイズ・バリューを推知することができる。これにより，事後モニタリングの精度を上げることができ，情報の「事後の非対称性」の緩和化につなげることができる。具体的にいえば，減損損失額が測定・表示されれば，これに依拠して，将来に受取る配当・利子の割引現在価値であるフランチャイズ・バリューの査定ができ，情報の「事後の非対称性」の緩和化が可能となるのである。

　さらに，本章第2節で示された契約理論の論考に引き寄せて考えれば，公正価値会計情報により，エージェントが真面目に活動したかどうかを，一層正確に観察することが可能となる。これにより，適正なリスク配分を達成することができる。第2節のモデルでは，企業の活動ぶりが完全には観察できないときに，観察可能な成果に応じて出資額が変動し（wh** ＞ wl**），効率的なリスク配

分ができないことが明らかとされている。そこで，公正価値会計情報から推知
できるフランチャイズ・バリューを企業モニタリングの観察対象とすれば，非
効率的なリスク配分の緩和化を期待することができる。

4．情報の「事後の非対称性」を緩和する減損会計情報

　以上により，エージェントが真面目に活動したかどうかの「事後モニタリン
グ」が困難な状況において，フランチャイズ・バリューの査定を可能とするた
めに，公正価値会計情報が有用となり得ることが説明された。フランチャイ
ズ・バリューの実質とは，企業が将来に獲得するキャッシュ・フローに依拠し
て資金提供者が長期的に受け取る配当・利子（その割引現在価値）である。その
ため，エージェントに長期的な利益稼得力があれば，プリンシパルが獲得する
フランチャイズ・バリューが大きくなることは明らかである。そこで以下では，
フランチャイズ・バリューの査定において，長期的利益稼得力が反映された減
損会計情報が，情報の「事後の非対称性」の緩和化に有用であることを説明する。

4．1　減損会計情報における「信頼性」欠如の有無

　前節では，事後モニタリングにおいて，フランチャイズ・バリューを査定す
るために，公正価値会計情報が有用となることが示された。フランチャイズ・
バリューは，プリンシパルが将来に獲得する配当・利子の割引現在価値である。
他方，エージェントが保有する固定資産には，将来にキャッシュ・フローを生
み出す能力（用役潜在力）が伏在している。したがって，減損処理が反映された
当該評価額によって，エージェントにおけるキャッシュの長期的獲得能力が査
定でき，延いては正確なフランチャイズ・バリューの査定が可能となる。

　但し，第 2 章で説明されたとおり，公正価値会計情報の「信頼性」（reliability）
について見れば，原価会計情報よりも，低いのが確実である。取得原価に基づ
く測定を前提とすれば，見積計算が排除されて，未実現の利益が計上されない
ためである。

　この様な問題点につき，固定資産の評価に限ってみれば，必ずしも懸念事項に該当するものではない。当該資産の減価償却は，原価会計に依拠した見積計算であり，機械的に原価配分を行うものである。そこでは，定額法や定率法など複数の測定方法が存在し，選択次第で測定値が異なる。そのため，原価会計に依拠して計算される他の測定値と比べ，「信頼性」が高いとは必ずしも言えない。さらにそこでは，耐用年数の短縮化などの見積要素を多分に含んだ臨時償却も認められるため，強度の「信頼性」低下が引き起こされる可能性がある。

　また，固定資産の評価については，「保守主義の原則」[8]の観点からも，原価会計が公正価値会計より優位であるとは必ずしも言えない。固定資産の減損情報は，投下資金から転化した資産において，その回収可能額が当初投下額を大きく下回った時に，使用価値まで引き下げた価額および損失額である。そこでは損失が計上されるため，必然的に利益が抑制される。さらにはそこから，償却によって価額の減価が行われる。そのため，減損処理が含まれた情報は，原価会計に基づき減価償却のみが行われた情報よりも，一層保守的となる。

　したがって，公正価値会計情報における「信頼性」および保守性の欠如の問題については，固定資産の公正価値評価に依拠して行われるフランチャイズ・バリューの査定に関するかぎり，懸念材料とはなりにくいと考えられる。

4.2 「フランチャイズ・バリュー」の査定における減損損失の戻入処理の有用性

　以上の様な，フランチャイズ・バリューの査定機能を持つと考えられる減損会計情報につき，IASBとASBJで設定された測定の基準に，看過すべきでない相違点が存在する[9]。IAS36号では，過年度に減損処理によって帳簿価額を引き下げた資産につき，価値の回復を期待できる兆候があるかを決算日に評価し，その兆候がある場合には，資産の回収可能価額の再計算を行い，回収可能価額まで減損損失を戻し入れる。これに対しASBJの基準では，減損損失に対する戻入が禁止される。ASBJでは，減損の存在が相当程度確実な場合に限り，損失のみを認識・測定するのが基本方針である。ここでは，戻し入れにより事

務的負担が増大することへの懸念が伏在している。

　IASBの視点に拠れば，投資の成否に係る判断は非可逆的なものでなく，問題がある財を利用し続けている状況でその財を取り巻く環境が好転すれば，修正時点に遡って損失を取り消すべきとされる（米山 [2003]，136頁）。これに対しASBJの立場では，減損損失という特別事態から，成果に見合う犠牲が減価償却によって計画的・規則的に配分される通常事態への，回復が重視される（同上，136頁）。即ちASBJでは，減損損失の計上とその戻入というように，配分計画の修正が何度も繰り返される状況で，その計画性や規則性が損なわれることが，重大な懸念事項に想定されている（同上，136頁）。したがって，IASBは経済的実質を重視する観点から戻入処理を認め，ASBJは配分の規則性に力点を置くためこれを認めない立場である。

　そこで，以上の点を踏まえ，フランチャイズ・バリューの正確な査定には，いずれの規定が妥当であるかを考える。長期的視点に立てば，一時的に企業が減損損失を余儀なくされる状況に陥ったとしても，その後の環境変化や組織努力によって資金獲得力が回復するケースは十分に想定できる。フランチャイズ・バリューは，エージェントの獲得する将来キャッシュ・フローが原資であるため，その査定には，保有する固定資産に対する用益潜在力の正確な評価が求められるのである。

　こうした点から，IASBの規定のように減損損失の戻入を行う方が，キャッシュ・フロー価額の実質把握において有用となる。そして，プリンシパルによるフランチャイズ・バリュー査定の精度が高まれば，事後モニタリングのインセンティブも高まり，情報の「事後の非対称性」を抑止することが可能となる。

5．お わ り に ──考察の結論──

　以上のとおり，本章考察では，まず，事後の「情報の非対称性」の存在による資金提供者の利得減少メカニズムが，経済学の分析ツールである「契約理論」を用いて明らかにされた。そして，事後の「情報の非対称性」が原因となって

生じる「モラル・ハザード」のガバナンスには，フランチャイズ・バリューの査定による事後モニタリングが有効であり，当該査定には，減損会計情報の利用が有用であることが説明された。

　エージェントである企業が一生懸命に働いているかにつき，プリンシパルである資金提供者がこれを観察するのは困難であり，モニタリングにおけるフランチャイズ・バリューの査定は，採り得る数少ない手段の一つとなる。そして，フランチャイズ・バリューは，エージェントが将来に獲得するキャッシュ・フローを原資とするため，保有する事業用資産の将来キャッシュ・フローを査定できる減損会計情報が有用となる。そしてその利用による意思決定有用性の発現が，事後モニタリングのインセンティブにつながり，モラル・ハザードに対する有効なガバナンスを可能にする。

　したがって，以上の考察より，本研究の目標仮説である「特定の社会的要因の存在により，企業への資金提供者にとっては，原価会計よりも公正価値会計の方が，意思決定に有用な情報を獲得することができる。」に対し，ここでは妥当であると結論付ける。

注
1　モラル・ハザードが生じるメカニズムについては，第7章補論を参照。
2　中林・石黒編［2010］，94頁では，「企業」と「労働者」の間に交わされる労働契約を考察対象としているが，本章ではこれを，「資金提供者」と「企業」との間に交わされる出資契約に置き換えている。一方が資金を提供したうえで，相手が真面目に活動しているかをモニタリングするという前提につき，同様であるとここでは判断している。
3　資金受入側において，当該金額の期待値の変動が少ない契約を好む場合，リスクを嫌う傾向にあると考えることができ，この場合に「リスク回避的」な選考を持つことになる。これに対し，金額の期待値の大きさのみが重要でその変動に関心がない場合には「リスク中立的」であると考える。ここでは，資金提供側が「リスク中立的」であることを前提とする。
4　企業が資金提供者と契約しなかった場合，替わりに外部の金融市場でVという一定の利得（留保利得）が確保できると仮定すれば，資金提供者は，企業に懸命に働いてもらいたいため，u(W) − c ≧ Vが常に成立することになる（中林・石黒編［2010］，101頁）。
5　この期待利得について見ると，確率Pで達成成果は高くなるので，このとき提供者は，Yの生産性に見合った収入を得る。他方，確率1 − Pで成果は低くなり，資金提供者は成果に見合った収入＝0を得るため，トータルの期待値はPYとなり，これが資金提供者にとっての収入の期待値を示す。また，成果が高かったときには資金whを支払い，成果が低かっ

たときには資金wlを支払うので，資金提供者が支払う資金の期待値はPwh ＋ (1 − P) wl
となる。そして，PYからこれを差し引くことで，上記のような資金提供者の期待利得式
PY −(Pwh ＋ (1 − P) wl) を導出することができる（中林・石黒編 [2010]，103頁）。

6 ここでは，直接的に出資額whとwlを決定するのではなく，それらに対応する効用水準で
あるuhとulを決定する問題と考える（中林・石黒編 [2010]，104頁）。

7 交点において出資額の期待値が最小になる論拠については，中林・石黒編 [2010]，99頁，
104-105頁，および133-134頁参照。

8 企業会計原則・一般原則六において，「企業の財政に不利な影響を及ぼす可能性がある場
合には，これに備えて適当に健全な会計処理をしなければならない。」と規定される。か
かる原則は，予想される利益の計上はより慎重に，予想される損失は残さず計上すること
を要請する原則である。この規定により，資金の社外流出を防ぎ，企業経営の安定を図る
効果を期待することができる。

9 わが国における減損会計の制度は，平成14年にASBJが規定する「固定資産の減損に係る
会計基準」に拠っている。そこでは，獲得キャッシュの減少により投資額の回収が見込め
なくなった場合に，将来に損失を繰り延べないよう回収可能性を反映させるように，帳簿
価額から差し引く価額としての減損損失が規定される。

第7章　補論　モラル・ハザードのメカニズム

　第7章での考察のとおり，エージェント（ここでは企業）のメンバーの努力水準が観察不能で，そこへの利益分配ルールが最終生産量のみに依存する場合，自身が怠けても仲間が努力することによって一定の報酬が保証されるため，努力を怠るインセンティブがそこに生じることになる（青木・奥野編［1996］203頁，以下，ここからの引用については，文中にページのみを記す）。とくにチーム生産的な企業組織においては，各メンバーが生産性向上のための努力をせず，他のメンバーの努力にただ乗りして恩恵を受けようとする傾向にあり，これを「モラル・ハザード」と呼ぶ場合がある（203頁）。エージェントの行動につき，プリンシパル（ここでは出資者）が知り得ない情報が存在することから，エージェントの行動に歪みが生じて効率的な資源配分が妨げられることが，モラル・ハザードの実質といえる（藤井［2017］，29頁）。

　こうしたモラル・ハザードの研究として，青木・奥野編［1996］では，エージェントの，チーム生産におけるモラル・ハザードのモデルが設定されている。N人のエージェントがチームとして共同生産を行う組織を想定し，各々は，与えられた受取金のルールのもとで，それぞれ独自に自分の努力水準を決定する（206頁）。次に，確率ショックが発生して最終的な生産量 y が達成されることとし，確率ショックの分布はエージェントの努力水準のベクトル $e = (e_1, e_2, \ldots, e_N)$ に依存し，努力すればするほど高い生産量が実現する確率が増えるものとする（206頁）。また，各エージェントの努力のコストはエージェント間で同一で，自分の努力にのみ依存するものとし，これを $c(\cdot)$ として表すこ

ととする（206頁）。

　以上の前提により，社会的余剰を最大にする解（ファースト・ベスト）は次の
ようになる（206頁）。

$$\max_e \{Ey(e) - \sum_i c(ei)\}$$

　ここで，$Ey(e)$ は，各エージェントがeの努力をした時の生産量の期待値で
あり，式より，以下のファースト・ベストが成立する（207頁）。

$$\frac{\partial Ey(e)}{\partial ei} = c'(ei), i = 1, 2, \cdots, N$$

　これは，エージェントの努力の限界費用$c'(ei)$がその限界期待生産物に等し
くなるように努力水準が決まることを示した式である（207頁）。

　そこにおいて，生産量yは観察できるが，各エージェントの努力水準は観察
できないため，エージェントに対する対価支払いルールはyに依存することに
なる（207頁）。ここで，生産物を一定の比率によってエージェント間で分ける，
次の受取金ルールを考える（207頁）。

$$wi(y) = ai\,y, ai > 0, \sum_i ai = 1$$

　式において，$wi(y)$ は，生産量がyのときのi番目のエージェントの受取金
であり，この時のエージェントiの行動は，次のように示される（207頁）。

$$\max_{e\,i} \{Ewi(y(e)) - c(ei)\}$$

　そしてこれに対して$wi(y) = ai\,y, ai > 0, \sum_i ai = 1$を代入すると，実現す
る努力水準は，次の式を満たすことになる（207頁）。

$$ai\,\frac{\partial Ey(e)}{\partial ei} = c'(ei), i = 1, 2, \cdots, N$$

　エージェントは，追加的努力に伴う費用の増分が，対応する期待対価の増分
と等しくなるように努力水準を決定するが，$ai > 1$ により，与えられたルー
ルのもとでは限界期待受取額が限界期待生産物より小さいため，努力水準が
ファースト・ベストに比べて過小となる（207頁）。これは，エージェントの追
加的努力が期待生産物を上昇させるものの，エージェント自身は当該上昇の自
分への帰属分だけを考慮して努力水準を決定するのに対し，ファースト・ベス
トでは，追加的努力のチーム全体への帰属分が考慮されねばならないことによ
るものである（207-208頁）。そこでエージェントは，自分の努力水準を観察で

きないことを知っているので，社会的に最適な水準に比べて怠けるという，モラル・ハザードの問題が生じることになる（208頁）。

　そしてその発生プロセスにつき，エージェントを企業の複数メンバーに見立て，プリンシパルを出資者に置き換えれば，本考察に当てはめることができる。企業メンバーの多数が，自分の努力水準を他が直接に観察できないことを知っている場合，全体の生産性が低くなり，出資者の利益が損なわれるおそれがある（204頁）。特に，エージェントの内部コントロール権が強力であれば，こうしたモラル・ハザードが生じる領域が拡大することになる（204頁）。

第8章　ヘッジ会計制度における
公正価値会計情報の有用性

1．はじめに　——本章の考察目的——

　第3章で説明されたように，本研究では，目標仮説として「公正価値会計情報が，原価会計情報よりも，資金提供者にとって一層有用となる」が設定され，これを規範演繹的考察によって検証するのが目的であった。そして，第6章と第7章における「契約理論」（「比較制度分析」の一分野）を援用した考察により，資金提供者が不利益となるような「情報の非対称性」を緩和するには，公正価値会計情報が，原価会計情報よりも一層有用であると結論付けられた。

　本章ではこれを受け，公正価値会計の特殊規定といえる「ヘッジ会計」（hedge accounting）のもとで測定・表示される情報について，第6章および第7章と同様に，原価会計情報と比べて有用であるかを考察していく。

　今日の経済社会では，金融（派生）商品取引の増加に伴って，将来の損失リスクを緩和・減少させることが第一義の要請事項となっている。かかるリスクは，市場の相場や金利の変動などに起因して生じるものであるが，別途の契約を設定して収益を得ることにより，相殺を期すことができる。リスク・ヘッジ（risk hedge）と一般に呼ばれる経営活動である。

　そして，わが国の会計制度では，金融（派生）商品取引につき，ヘッジ対象に係る損益とヘッジ手段に係る損益を同一の会計期間に認識することでヘッジ効果を会計に反映させる特殊な会計処理が行われる（金融商品会計基準第29項）。

そしてそこでは，繰延ヘッジ会計および時価ヘッジ会計が認められている。前者は，ヘッジ手段の損益をその発生時に認識しないで，ヘッジ対象の終了時点まで繰延べるものである。後者は，ヘッジ対象である資産・負債に係る相場変動等を損益に反映させることにより，当該損益とヘッジ手段に係る損益とを，同一の会計期間に認識するものである。

　ここで，繰延ヘッジ会計について見ると，ヘッジ手段である金融（派生）商品の損益が将来に繰延べられることから，「情報の非対称性」が生じる可能性がある。通常の，ヘッジ手段ではない金融（派生）商品につき，現行制度では公正価値評価と損益認識が行われるが，これが繰延べられることになれば，資金運用業績を正確に査定するための情報が反映されないのである。

　そこで本章以下では，「情報の非対称性」の存在を前提とする経済社会において，繰延ヘッジ会計よりも公正価値ヘッジ会計（後述）の方が有用であることを，前章までと同様に，「比較制度分析」を援用して考察する。まず第2節で，ヘッジ会計制度の概要，および繰延ヘッジ会計に内在する問題点を示す。次に第3節で，ヘッジ会計制度がIASBやFASBに倣ってわが国で導入されたにもかかわらず，公正価値ヘッジが導入されなかった要因につき，「比較制度分析」の先行研究を援用して明らかにする。そのうえで第4節において，公正価値ヘッジ会計が，繰延ヘッジ会計との比較において有用であることを，同じく「比較制度分析」（そこでは契約理論を用いる）によって説明する。

2．繰延ヘッジ会計の特質と内在する理論的問題点

　以上のように，本章の考察目的は，公正価値ヘッジ会計が繰延ヘッジ会計と比べて有用であるかどうかを，「比較制度分析」を援用して規範演繹的に考察することである。本節では，まず，国内外で既に規定され運用されているヘッジ会計制度の概要を示し，次に，わが国で原則とされる繰延ヘッジ会計の特質と，内在する問題点を明らかにする。

2. 1　ヘッジ会計制度の概要

　わが国の会計基準では，公正価値評価されているヘッジ手段に係る損益又は評価差額を，ヘッジ対象に係る損益が認識されるまで純資産の部で繰延べる，繰延ヘッジ会計が原則とされる。即ちそこでは，ヘッジ対象とヘッジ手段の双方が，ヘッジ対象の損益が認識されるまで繰延べられる。ただし，その他有価証券をヘッジ対象とする場合には，ヘッジ対象である資産・負債に係る相場変動等を損益に反映させることにより，その損益とヘッジ手段に係る損益とを同一の会計期間に認識する，時価ヘッジ会計を用いることができる（金融商品会計基準第32項）。

　これに対し，IASB基準書第39号に規定されるヘッジ会計について見ると，公正価値ヘッジでは，ヘッジ手段および対象の評価差額がそれぞれ損益認識され，ヘッジ対象である資産・負債の帳簿価額が修正される。また，キャッシュ・フロー・ヘッジでは，ヘッジ手段の公正価値の変動額のうち，ヘッジとして有効な部分を「その他の包括利益」とし，それ以外は損益として認識する。そこでは，ヘッジ対象のキャッシュ・フローが損益に影響を与えたときに，「その他の包括利益」から損益に振替えられる。

　また，FASB基準書第133号の規定でも，ヘッジ会計基準の基本的枠組みは，IASBの規定と同様である。公正価値ヘッジでは，ヘッジ手段および対象の評価差額がそれぞれ当期に損益認識され，ヘッジ対象である資産・負債の帳簿価額が修正される。したがって，ヘッジ手段の利得・損失と，ヘッジ対象のそれとは，同一の会計期間において相殺される。また，キャッシュ・フロー・ヘッジでは，ヘッジ手段の利得と損失は，「その他の包括利益」とされ，ヘッジ対象の損益が認識される会計期間と同一の期間において，損益に再分類される。

　以上のように，IASBおよびFASBが規定する公正価値ヘッジでは，デリバティブなどのヘッジ手段につき，公正価値評価によって評価差額が損益計上される。またキャッシュ・フロー・ヘッジでは，ヘッジ手段に係る損益につき，「その他の包括利益」に計上される。

　ASBJの規定において，ヘッジ手段の評価差額が損益認識されるのは，ヘッ

ジ対象の「その他の有価証券」に評価損が生じるケースのみであり，当該商品にかかる相場の変動等を損益に反映できる場合に限られる。つまり，時価評価が認められている「その他有価証券」のみが，時価ヘッジを適用することが認められる（金融商品会計に関する実務指針，第185項）。

2. 2 繰延ヘッジ会計の特質と内在する問題点

　以上のように，わが国におけるヘッジ会計の規定では，原則として繰延ヘッジ処理を行う。公正価値評価により算出されたヘッジ手段に係る損益又は評価差額は，ヘッジ対象に係る損益が認識されるまで，純資産の部に繰延べられる。

　他方で，通常の取引によって取得される金融（派生）商品の損益又は評価差額については，金融商品会計基準に依拠し，当期の損益認識が原則とされる。したがって，わが国の会計制度では，ケースにより損益認識のタイミングが異なる商品取引が存在することになる。こうした，金融商品会計の原則に沿わない繰延ヘッジ会計に対しては，会計理論的本質と問題点を明らかにする必要がある。

　周知のとおり，発生主義会計に依拠した繰延処理では，貸借対照表の負債の部に，将来の収益となる価額が計上される。この処理は，収益費用会計観に基づくもので，実現収益と当該獲得のために費消した価額との期間対応，およびそれによる期間損益計算を目途としている。他方，金融商品取引を対象とする会計基準（金融商品会計基準）では，デリバティブなどの金融（派生）商品につき，損益及び公正価値評価差額が当期損益として計上される。当該処理は資産負債会計観に依拠するものである。

　この様にASBJの規定では，金融（派生）商品の取引において公正価値評価を原則としながらも，ヘッジ会計では損益を繰延べ，さらには負債とせず純資産（株主資本以外である「その他の要素」）に，価額が計上される[1]。

　ここで，ASBJにおける収益認識の概念規定を見ると，「リスクからの解放」概念が，主たる位置付けにあると考えられている（第2章参照）。そこでは，表示された純利益につき，投資のリスクから解放された成果と見なされる（ASBJ [2006]，20頁）。即ち，経済活動における投資成果の不確定性を前提とし，成果

が事実となった時点で,「リスクからの解放」が達成されたと判断するものである[2]。

そこで, 当該概念をヘッジ会計に引き寄せて考えれば, 繰延べられたヘッジ手段の損益は,「リスクからの解放」が未達成の状態にあると斟酌すべきである。ところが, ヘッジ手段ではない金融 (派生) 商品については, 期末に損益が認識されることがわが国でも是認されており, 当該損益は「リスクからの解放」が達成されたと見なすことができる。

こうして, ASBJの規定では,「リスクからの解放」が達成されたはずの金融 (派生) 商品につき, ヘッジ手段であるがゆえに, 損益の繰延処理が行われる。したがってそこでは, 会計概念との不整合が顕現化することになる。そして, 公正価値評価に基づく金融 (派生) 商品取引の損益が計上されないのであれば, 業績を適正に査定できないという問題が, 情報を利用する資金提供者に生じてしまう。

3．繰延ヘッジ会計制度が確立した要因の分析

以上により, ASBJが規定するヘッジ会計において原則とされる繰延ヘッジ会計の, 概要および内在問題点が明らかにされた。ASBJでは, IASBやFASBに倣って金融 (派生) 商品の公正価値評価を制度として取り入れた経緯があるが, ヘッジ会計に限っては, 例外の措置であったといえる。本節ではこうした状況を踏まえ, 他国の会計制度が自国に影響を与える (もしくは与えない) メカニズムにつき, 経済学の分析ツールである「比較制度分析」を援用して考察する (本節では, 青木・奥野編 [1996] からの引用については, 文中にページのみが記される)。

3．1　二つの社会の交流による制度変化のメカニズム

本項では, 第4章・第4節で既に説明された「比較制度分析」の研究手法に沿い, 本章の考察に当てはめながら, 考察を進めていく。

　図表1のゲーム利得表は，ある社会Aの会計制度につき，当初の利得が変化したことを示すものである（291頁）。表では，従前に自身が公正価値会計を志向し相手が原価会計を志向した場合に自身が優位であったが（3対0），社会環境の変化により当該優位性が消滅している（0対0）。ただし，当初の環境下で公正価値会計が最適反応であったため，社会的な慣習はそのまま継続されている。

図表1　ゲームの利得表（社会A）

	公正価値会計	原価会計
公正価値会計	（2，2）	（3，0）
原価会計	（0，3）	（1，1）

	公正価値会計	原価会計
公正価値会計	（2，2）	（0，0）
原価会計	（0，0）	（1，1）

出所：青木・奥野編［1996］，290頁を参照し作成（第4章図表4と同じ表）。

　そして，社会Aにおいて，原価会計を選好する社会J（図表2の利得表）と接触が起こったとする。ここで，社会Jと社会Aの人口の合計に対する社会Jの人口の比率nを設定し，nが小さいときは社会Jが相対的に小さく，nが大きいときはそれが相対的に大きいこととする（291頁）。また，パラメタ β を設定し，これを社会Jと社会Aの統合度合を表すものとすれば，図表3のような，「行」の社会の構成員が「列」の社会の構成員と会う確率表が設定される（291頁）。仮に $\beta=0$ であれば，両国が鎖国状態にあり，$\beta=1$ の時は，両国が完全に統合された状態にあるとここでは考える。

図表2　ゲームの利得表（社会J）

	公正価値会計	原価会計
公正価値会計	（2，2）	（0，3）
原価会計	（3，0）	（1，1）

出所：青木・奥野編［1996］，289頁。

図表3　2つの社会の人々が出会う確率

	社会J	社会A
社会J	n	$\beta(1-n)$
社会A	βn	$1-n$

出所：青木・奥野編［1996］，291頁（第4章図表5と同じ表）。

　以上のルールのもとで，社会Jは原価会計を，社会Aは公正価値会計を制度設計の基礎としている状況（原価会計，公正価値会計）で，両社会が交流を始めたとする（初期条件）。この時，社会Jの人々にとって原価会計が最適となる条件は，$1n \geq 2\beta(1-n)$ と表される（292頁）。左辺は，社会Jで原価会計を採用する時の期待利得を表し，右辺は，社会Jで公正価値会計を採用する時にもたらされる期待利得を表している。

　同様に考えると，社会Aの人々にとって公正価値会計が最適となる条件は，$2(1-n) \geq \beta n$　と表される（292頁）。

図表4　2つの社会の交流による制度変化過程

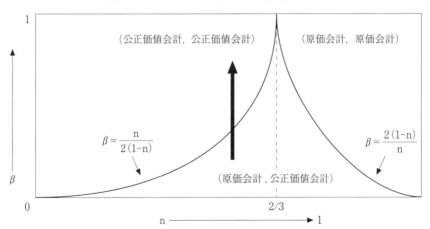

青木・奥野編［1996］，291頁を参照して作成（第4章図表6と同じ図）。

　そこで，以上の2つの条件式から図表4が導出され，かつそのような条件のもとでは，図中の領域（原価会計，公正価値会計）において均衡が存在することになる（292-293頁）。

　ここで，社会Jが相対的に小さい状況としてn＜2/3を仮定し，両社会の交流の度合であるパラメタβが次第に大きくなって1に近づく場合を想定する。すると，社会Jでは，原価会計が最適適応となるための条件式が成立しなくなり，公正価値会計を選好するメンバーが増えていく。そして，相対的に小さな社会Jは，その慣習を変化させていくことになる（図中タテ矢印のように変化）。

　以上の「比較制度分析」によれば，2つの社会の交流度合や人口比率の如何によって，歴史的初期条件に規制された社会制度が，別の均衡へと移行するメカニズムを理解することができる。わが国で起こった事実は，IASBやFASBの動向に影響を受け，金融（派生）商品や有形固定資産の評価において，原価会計から公正価値会計へと制度が変化したことである。したがって，わが国のように，原価会計を基軸としている社会が公正価値会計を志向する社会へと変化する要因とは，公正価値会計が定着し，かつより大きな社会との接触が進んでいくことにあると，分析から推察することができる。

3.2　わが国で公正価値ヘッジ会計へと制度変化しなかった事由

　次に，わが国において，IASBおよびFASBが採用している公正価値ヘッジ会計を導入せず，繰延ヘッジ会計を原則とする要因につき，上記の分析をもとにして考察する。

　上述した制度変化のメカニズムに沿ってわが国の会計制度が形成されているとすると，原価会計を拠り所とする繰延ヘッジから，公正価値会計を前提とする公正価値ヘッジへと変化しなかったのは，n＞2/3，即ちわが国の経済社会が欧米よりも小さいことを前提とすれば，$\beta \leq \dfrac{n}{2(1-n)}$ が成立するからである。これは，IASBやFASBとの統合度合が相対的に小さいことを意味する。

　そこで，わが国の近況を見ると，リスク・ヘッジについては，金融先進諸国ほどには浸透しておらず，また，欧米諸国と比べてそもそも公正価値会計導入

に積極的でなかったことも相まって，公正価値ヘッジが制度化されなかったと推察することができる。

　金融（派生）商品や固定資産に対する公正価値評価については，近年，この様な会計処理への要請がわが国で急速に高まったことから，制度移行への障壁は少なく，そのため統合度合（上記モデルではパラメタ β）も同様に高まったと考えられる。これに対しリスク・ヘッジについては，そもそもわが国に深く浸透していなかったことから，欧米諸国の影響をさほど受けず，図表4・左下，$\beta \leqq \dfrac{n}{2(1-n)}$ かつ $n > 2/3$ の領域（原価会計，公正価値会計）で均衡が成立しているものと判断ができる。そのため，原価会計に依拠した繰延ヘッジ会計が制度化されたと考えることができる。

4．ヘッジ会計における公正価値ヘッジの有用性

　以上の「比較制度分析」によって，わが国のヘッジ会計制度がIASBやFASBの影響を受けず，公正価値ヘッジが導入されなかった事由が推察された。そこで本節では，ヘッジ以外の金融（派生）商品との収益認識時期の統一性の面で，繰延ヘッジより優位といえる公正価値ヘッジにつき，まず内在する問題点を明確にする。そのうえで，繰延ヘッジに対する公正価値ヘッジの相対的有用性につき，「比較制度分析」の一分野である「契約理論」によって規範演繹的考察を行う。

4．1　公正価値ヘッジ会計に内在する問題点

　公正価値ヘッジ会計は，デリバティブなどヘッジ手段の公正価値変動部分につき，それが発生した期間の損益とする一方で，ヘッジ対象となった特定の資産・負債もしくは確定契約のヘッジ対象となったリスクに起因する価格変動部分を，同一期間の損益とするものである。

　経営者の立場からは，リスク・ヘッジを行う目的が，ヘッジ対象の損失が予想される局面での収益による相殺にあるといえる。そこでは，ヘッジ手段の評

価額がヘッジ対象の損失額を上回るための取引選択を周到に行うことが想定される。そして当該活動の業績が，公正価値ヘッジによって明らかにされるのである。

　この様な会計処理が問題となるのは，期末決算日において，ヘッジ手段の損失をヘッジ対象でヘッジするという様な，本来目的と逆の事態が起こり得ることである。ある一定の期間（長期に及ぶ場合もある）を見込んでリスク・ヘッジを行ったにもかかわらず，間近の期末時点でヘッジ手段に損失が計上されてしまい，これをヘッジ対象でヘッジするという事態が生じてしまうのである。この場合には，ヘッジ会計本来の目的にそぐわないリスク・ヘッジとなって，経営者におけるリスク・ヘッジ活動の業績を適正に査定できないことが明らかとなる。

4.2　公正価値ヘッジ情報の繰延ヘッジ情報に対する有用性

4.2.1　情報の「事前の非対称性」の緩和化の意義

　そして，以上のような公正価値ヘッジの問題点につき，これを凌駕してもたらされる有効機能として，公正価値評価による「情報の非対称性」の緩和機能を挙げることができる。具体的には，第6章で示された情報の「事前の非対称性」を緩和する機能，および第7章で明らかにされた情報の「事後の非対称性」を緩和する機能である。

　ここで，資金提供者の立場から考えると，まず，事前モニタリングによって適正な意思決定を行う必要がある。最初に資金提供契約が結ばれ，徐々に双方の信頼関係が醸成されれば，契約が継続されて利得が増加するからである。かかる理由から，情報の「事前の非対称性」の緩和化が，資金提供者にとっては極めて重要となる。

　ところが繰延ヘッジが行われた場合には，公正価値評価されたヘッジ手段に係る損益は，ヘッジ対象に係る損益が認識されるまで純資産の部に繰延べられてしまう。そのため，リスク・ヘッジでない場合には損益認識される取引につき，巨額の損失が出ていても，これを資金提供者が把握できないことになる。

即ち, 情報の「事前の非対称性」が発現することで, 事前モニタリングの大きな障害となるのである。

　そこで, 情報の「事前の非対称性」の存在に対し, 公正価値会計情報が原価会計情報と比べて相対的に有用であることについて, 再度, 第6章・第2節で取り上げた「契約理論」を援用して考察する。当該有用性の作用により, 公正価値ヘッジに含まれる問題点 (4.1で説明) の減衰化が期待できる。

４．２．２　情報の「事前の非対称性」が生じるメカニズム

　ここでは, 資金提供者と経営者との間に, 情報の「事前の非対称性」が存在するモデルを設定するため, まず, 提供を受ける「企業」, および出資を検討している「資金提供者」をプレイヤーに設定する。そして「資金提供者」は,「企業」の生産費用が高いか (CL), もしくは低いか (CH) の情報を保有していない。そのうえで「資金提供者」は, 生産費用が低く収益力が高い (即ちCH) ような「企業」に対する確率がq (0<q<1) であると確信する。当該前提において,「資金提供者」は, 収益力の異なる「企業」に対して異なる獲得利益を期待する (中林・石黒編 [2016], 126-127頁)。

　今,「資金提供者」は, Wを出資額, xを要求生産量として, 収益力の高い「企業」(CH) に出資条件 (WH, xH) を受け入れさせたく, 収益力の低い「企業」(CL) には出資条件 (WL, xL) を受け入れさせたいと考えるのが合理的であると仮定する。この場合,「資金提供者」の利得はR (x) − W (R : 収入) である。他方の「企業」は, 次の式で示された期待利得が最大となる出資条件 (WH, xH), (WL, xL) を「資金提供者」に提示することが確実となる (同上, 128頁)。

$$q [R (xH) − WH] + (1 − q) [R (xL) − WL]$$

　この式では,「資金提供者」が, 出資条件提示時において確率qで「企業」の収益力が高い (CH) と判断され, 確率1−qで低い (CL) と予想されている (同上, 128頁)。確率qの場合に直面した時には利得としてR (xH) − WHを獲得し, 確率 (1−q) に直面した時には利得R (xL) − WLを獲得することになる (同上, 128頁)。

　この式に対し, 特定の制約条件を代入すると[3], 情報の「事前の非対称性」が

存在する場合に,「資金提供者」が出資して期待利益が最大となる条件を表す次の式が導出される。

$$q[R(xH) - CH xH] + (1 - q)[R(xL) - CLXL - \frac{q}{1-q}(CL - CH)XL]$$

この式の第2項の利得 $[R(xL) - CLXL - \frac{q}{1-q}(CL - CH)XL]$ は,収益力が低い「企業」との契約の生産量xLに関わる利得を表すが,最善解R(xL) - CLXLとの対比においては,$\frac{q}{1-q}(CL - CH)XL$ の差異が生じている。「資金提供者」にとっては,収益力が低い「企業」との契約(生産量xL)において直面する費用が,最善解CLXLから,CLXL+$\frac{q}{1-q}(CL - CH)XL$へと増加している(同上,130頁)。この時,収益力が低い「企業」の生産量xLを限界的に1単位増加させると,「資金提供者」の限界費用(MC)は,CL+$\frac{q}{1-q}(CL - CH)$になる(同上,130頁)。

ここで,限界収入MR(xL)について見ると,収益力が低い「企業」の最適な生産量xL は,限界収入＝限界費用が成立するような,MR(xL) = CL+$\frac{q}{1-q}(CL - CH)$となる所で決定される(同上,130頁)。そして,縦軸を限界費用(MC),横軸を生産量xとする二次元で表現されるMR曲線は右下がりなので,限界費用が増加した分だけ,最適な生産量xL** は,最善解xL* よりも減少することになる(同上,130頁)。

このような非効率が社会に生じるのは,「資金提供者」にとって情報の「事前の非対称性」が存在するためであり,収益力の高い「企業」は,収益力の低い「企業」と同等の契約を「資金提供者」と交わすことで,より低い費用CHによって収益力の低い「企業」と同等の生産量xLを達成し,一方で低い生産費用をカバーするだけの賃金 WL = CLXL を確保できる(同上,131頁)。収益力が高い「企業」は,収益力の低い「企業」を模倣することにより,(CL - CH)XL のレントを獲得できるのである(同上,131頁)。

4.2.3 繰延ヘッジに対する公正価値ヘッジの有用性

以上の分析により,情報の「事前の非対称性」の存在が,「資金提供者」に対してマイナスに作用し,その利得が減少するメカニズムが明らかとなる。収益力が高い「企業」が,収益力の低い「企業」と同等に働くことによって,(CL -

CH) XL のレントが獲得される。

　これをヘッジ会計に引寄せて考えると，繰延ヘッジ会計に内在する問題点がクローズ・アップされてくる。そこでは，たとえヘッジ手段の公正価値評価によって収益もしくは損失が生じた場合でも，ヘッジ対象の終了時点までは損益を認識せずに繰延べられる。「資金提供者」が利用する情報において，当該損失額が計上されない場合には，事前の「情報の非対称性」が存在する状態になったと考えることができる。たとえリスク・ヘッジに失敗して損失が巨額となった場合でも，「資金提供者」がこれを十分にチェックできない事態に陥るのである。

　かかる状況を緩和化するには，「企業」の収益力（ここでは資金運用能力）に関する，より多くの情報を「資金提供者」に提供すべきといえる。その点から，公正価値ヘッジは，ヘッジ手段およびヘッジ対象の評価差額がそれぞれ損益認識され，ヘッジ対象である資産・負債の帳簿価額が修正される。それにより，「企業」の資金運用能力を明らかにでき，延いては事前の「情報の非対称性」の緩和化に繋げることができる。したがってこの点から，公正価値ヘッジ会計の方が，繰延ヘッジ会計よりも有用であると考えることができる。

5．お わ り に　──考察の結論──

　以上の考察により，わが国のヘッジ会計制度に内在する問題点と，あるべき方向につき，「比較制度分析」を用いた規範演繹的考察が行われた。ASBJ が規定するヘッジ会計制度では繰延ヘッジが原則とされるが，そこでは，同機関が措定した概念である「リスクからの解放」が期末に達成された取引において，利益が繰延べられる事態となる。これにより金融（派生）商品の損益計上が行われず，資金提供者にとって，活動業績が適正に査定できない問題が生じてしまう。

　こうした問題意識のもとで，第3節の「比較制度分析」を援用した考察により，ASBJ が公正価値ヘッジ会計を制度化しない要因が分析された。そしてそ

こでは，ヘッジ手段の損益認識を是認する欧米諸国の影響を受けない，わが国独自の社会状況が影響していたと結論付けた。即ち，リスク・ヘッジはわが国の経済社会に十分浸透しておらず，かつ公正価値会計の導入にも元来積極的でなかったことから，公正価値ヘッジには制度が変化しなかったと推察できたのである。

　しかし本文で述べたように，ヘッジ手段の評価損失額が計上されない場合に，資金提供者にとって事前の「情報の非対称性」が顕在化することが問題となる。そこで，第4節の「契約理論」を援用した考察により，これを緩和化するには，ヘッジ手段の損益認識（非繰延）を認める公正価値ヘッジ会計の方が，繰延ヘッジ会計よりも一層有用であると結論付けられた。

　たとえわが国で，公正価値ヘッジへと制度が変化しなかった要因が，リスク・ヘッジの未浸透にあるとしても，ヘッジ手段である金融（派生）商品の公正価値評価は既に是認されているので，資金提供者にとって重大な問題となる事前の「情報の非対称性」を緩和するためには，公正価値ヘッジ会計を原則にすべきであると，ここでは結論付ける。

注
1　繰延ヘッジ損益は，負債（ないし資産）の定義を満たさず，かつヘッジ会計の定義から損益と認められないため，いわば「ゴミ箱」的に，純資産の部に計上されることになる（田口 [2007]，61頁）。
2　ASBJ [2006]，20頁。具体的には，企業を「投資の束」と考え，収益獲得の期待が含まれた投資については流動化が拘束されるのであり，これが「投資のポジション」として貸借対照表において表示されることになる（石川 [2008]，155頁）。
3　当該条件については，中林・石黒編 [2016]，127-128頁を参照。

第9章　非営利法人会計における
　　　　公正価値会計情報の有用性の考察

1．はじめに　──本章の考察目的──

　本章は，これまでに考察して来た企業会計とは別の制度的枠組みで運営されている，非営利法人会計において，近年新たに導入された「公正価値会計」の情報が有用となるかについて，これまでと同様に「比較制度分析」(comparative institutional analysis) を援用して考察を行う。

　わが国においては，公益法人をはじめ，社会福祉法人，NPO法人，医療法人，学校法人などが法人格を有し，各々の監督官庁のもとで会計基準が設定・運用されている。そして，これらの会計基準では，金融 (派生) 商品および固定資産において，企業会計と同様の公正価値評価が導入されている (もしくは検討されている)。そこで，前章までと同様に，公正価値会計が，原価会計と比べて有用であるかにつき，規範演繹的考察を行う。

　元来，非営利法人は，営利法人 (ここでは企業を想定) のように，資金を提供者から受け，これを運用して利潤 (会計では利益) を獲得し，相手に配分することを目途とする組織ではない。法人の活動原資は，政府機関からの補助金，もしくは寄付者からの寄付金が主なものとなる。

　一般に，営利法人においては，公正価値会計情報の開示が，資金提供者の意思決定にとって有用であると言われている。しかし，補助金や寄付金を財源として運営される組織体において，そこへの資金提供者が，公正価値会計情報の

開示を要請するインセンティブがあるかについては，あらためて検証を要する所である。

　そこで本章以下では，非営利法人会計において，公正価値会計情報が原価会計情報よりも有用性を持つかにつき，「比較制度分析」を援用しつつ検証を行う。まず第2節で，非営利法人会計の「基本目的」（objectives）につき，非営利法人会計の概念規定に基づいて整理され，さらに，わが国の非営利法人会計基準における，公正価値評価の規定が示される。次に第3節では，非営利法人会計において公正価値評価を採り入れることの問題点が明らかにされる。そして第4節で，経済学の分析ツールである「比較制度分析」を援用し，非営利法人会計における公正価値会計情報の有用性の所在が確認される。そのうえで第5節において，それまでの考察結果を踏まえながら，原価会計に対する公正価値会計の有用性につき，非営利会計論の観点から説明される。

2．非営利法人会計の「基本目的」と公正価値評価の「基準」

　本節では，まず非営利法人会計の「基本目的」につき，それがどのような特質を持つものであるかを明らかにする。次に，非営利法人会計の「基本目的」に依拠して規定された，公正価値評価に関連する会計基準を示す。

2．1　非営利法人会計の「基本目的」

　FASB概念書第4号によれば，非営利法人の財務報告の利用者は，財務報告を通して提供される用役，用役提供のさいの効率性ならびに用役を提供し続ける能力についての情報に関心を有している（FASB [1980], par.30）。そこで非営利法人は，資源提供者およびその他の用役利用者に対して満足のいく水準の財貨または用役を提供するために，必要とする資源と同量の資源を受領する必要がある（*ibid*., par.14）。

　FASBは，こうした情報利用者のニーズに応える財務報告の「基本目的」につき，「資源提供者その他の情報利用者が，その組織体の財務的な長所と短所を

識別し，一会計期間の組織体の業績についての情報を評価し，用役を提供し続ける組織体の能力を評価するのに役立つ」こととしている (*ibid.*, par.44)。

　若林［2002］では，こうしたFASBの規定から，非営利法人会計の重要な基礎概念が「財務的生存力」(financial viability) であると指摘している (若林［2002］, 160頁)。非営利法人がその目的とする事業を遂行し，社会に対しサービスの提供を継続して行うために，財務的に保持していかなければならない能力が「財務的生存力」であり，営利企業における，資本維持概念に類似するものと考えられる (同上, 26頁)。サービス受益者に対して満足のいく水準の財貨・用役を提供するのに要する資源を長期的に受領するのが組織維持の前提であり，そのために用役を提供し続ける能力を表示することが，非営利法人会計の主たる「基本目的」になると考えることができる[1]。

２．２　公益法人会計基準における公正価値評価の規定

　次に，以上の様な非営利法人会計の「基本目的」を達成するために規定された，公正価値評価に関する会計基準を説明する。非営利法人の会計基準のなかで最も整備が進んでいるのは，公益法人会計基準である。そしてそこでは，有価証券や固定資産などに対し，企業会計と同様に，公正価値評価を適用することが規定されている。

　まず有価証券の評価につき，平成20年会計基準第2・3・(3) において，「満期保有目的の債券並びに子会社株式及び関連会社株式以外の有価証券のうち市場価格のあるものについては，時価をもって貸借対照表価額とする。」と規定される。ここでの時価とは，金融商品会計基準に定める内容と同様に公正価値評価額を指し，取引を実行するために必要な知識を持つ自発的な独立第三者の当事者が取引を行うと想定した場合の取引価額である (公益法人会計基準に関する実務指針・Q32)。

　また，固定資産の評価については，平成20年会計基準第2・3・(6) において，「資産の時価が著しく下落したときは，回復の見込みがあると認められる場合を除き，時価をもって貸借対照表価額としなければならない。ただし，有形固

定資産及び無形固定資産について使用価値が時価を超える場合，（中略）使用価値をもって貸借対照表価額とすることができる。」とされる。ここでは，原則として強制評価減を行うが，帳簿価額を超えない限りにおいて，「使用価値」[2] で評価することが認められている。この様な処理は，企業会計における減損会計と同様と見ることができる[3]。

　さらに，平成20年公益法人会計基準の運用指針5では，「退職給付会計」における退職給付債務の期末要支給額の算定について規定されている。また，公益法人会計基準に関する実務指針・Q49では「資産除去債務」に関する会計基準，同指針・Q50～53では「賃貸等不動産の時価等の開示」に関する会計基準が設定されている。これらの計算指針については，企業会計で規定された基準をもとに適用されるものである。

　このほか，社会福祉法人会計基準（平成23年）においては，公益法人会計の諸規定と同様に，有価証券の公正価値評価，減損会計の適用，退職給付会計の適用につき規定されている。

3．わが国の非営利法人会計における 公正価値評価導入の問題点

　以上により，非営利法人会計の主たる「基本目的」が，財務的生存力の査定にあることが示された。これは，企業会計における名目資本維持の査定に相当するものと考えられる。企業会計のそれは，組織のゴーイング・コンサーン，延いては債権者の保護のために，貸借対照表における，資産と負債の差額（純資産の部）の維持を査定しようとするものである。

　ところが，保有する金融商品や有形固定資産が公正価値で評価されることになれば，未実現損益が認識されて，名目資本維持の査定に影響を及ぼす可能性がある。実現収益と比べて確実性や客観性に劣る公正価値評価差額が，純資産の部に計上されるためである。非営利法人会計においても，資金提供者（補助金や寄付金の提供者）に対し，財務的生存力の査定に影響を与える恐れがある。

　そしてこの問題は，非営利法人のうち，特に公益法人会計において重大とな

る可能性が高い。社会福祉法人や学校法人の会計基準では，貸借対照表／純資産の部において基本金が設定され，この表示によって，企業会計の資本金および資本剰余金に近似した機能が備わることになる。基本金が科目表示されることにより，純資産の残高に対して一定の管理が可能となるためである。ところが，公益法人会計においては，基本金に相当する表示区分が存在しない。一応，これに類するものとして指定正味財産の区分があるが，当該価額は，次年度以降に，事業費や減価償却費として費消される。したがって，長期に渡っては価額が維持されない。当然に，取崩しの制約についての規制は無く，資金提供者が指定する使途の履行に応じて専ら減価されるのみである。

　この様に，公益法人会計の貸借対照表／指定正味財産の部に対し，不確実性および非客観性の度合が実現損益と比べて強い公正価値評価差額が計上されれば，社会福祉法人会計や学校法人会計に比べ，財務的生存力の査定能力が劣ることになる。元々維持されにくい純資産（公益法人会計では正味財産）の価額に対し，未実現損益が加わることになれば，財務的生存力の査定の「基本目的」を達成することが益々困難となる。

　また，社会福祉法人会計や学校法人会計においても，企業会計と比べれば，基本金の取崩しに対する規制は厳格でない。そのため，貸借対照表への公正価値評価額の計上により，財務的生存力維持の達成の査定に対し，ノイズが生じる可能性が高まることになる。

4．「比較制度分析」による公正価値会計導入の要因分析

　以上の考察により，非営利法人会計に公正価値評価が採り入れられた場合の問題点が示された。しかしそれにもかかわらず，現実には，当該評価が制度化され，運用されている。そこで本節では，わが国の社会が，原価評価を停止してでもその様な評価を適用した要因につき，経済学の分析ツールである「比較制度分析」を用いて分析する（本節における中林・石黒編 [2016] からの引用につき，文中にページのみを記す）。

4．1 「比較制度分析」のモデル設定

　ここでは，第5章で説明された「比較制度分析」のモデルと同様のものを援用し，非営利法人会計において公正価値会計制度が導入された要因を分析する（本項以下は，41-42頁）。

　非営利法人において不可欠となる資金は，おもに，寄付金および補助金の資金提供者より提供される。そして当該資金を獲得するため，受取側は，社会規制としての会計制度に依拠した財務情報を公表する。ここで，公正価値評価額が算定されて財務諸表に反映されれば，「実現可能性」がある収益や，将来キャッシュ・フローの現在価値を把握することが可能となる。具体的には，基本財産として提供を受けた投資有価証券の時価評価差額，保有する固定資産の減損損失がこれに該当する。逆にそのような価額が反映されなければ，保有資産に生じている損失が明らかとならず，情報の非対称性の存在が危惧されることになる。

図表1 「資金提供者」と「非営利法人」の利得

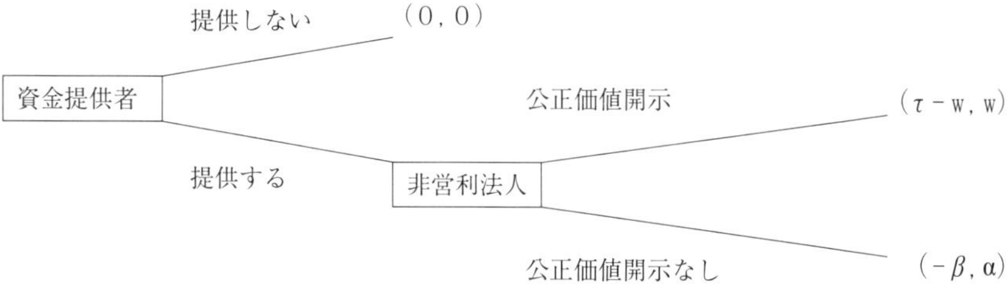

```
提供しない      (0, 0)

資金提供者                      公正価値開示         (τ−w, w)

提供する       非営利法人

                              公正価値開示なし      (−β, α)
```

出所：中林・石黒編［2016］, 41頁を参照して作成。
第5章・図表6の「企業」が「非営利法人」。

　そこで，ゲームのプレイヤーを「資金提供者」および「非営利法人」とし，上記の様な状況をゲーム・モデルに反映させて，利得を図表1のように設定する。

　第5章・第5節で説明されたとおり，まず図の最初のノードにおいて，「資金提供者」は，「非営利法人」に資金提供をするかしないかを選択する。最初から「資金提供者」が資金提供を選択しなかった場合，利得は (0, 0) となる（カッコ

内は前が資金提供者，後が非営利法人の利得）。また，「資金提供者」が資金提供を実行する場合，「非営利法人」の利得はWとなる。

　そして「非営利法人」は，減損損失やデリバティブの評価によって生じる損益などの公正価値情報につき，適切に表示するかしないかを選択する。表示した場合，「非営利法人」の利得はWであるが，表示しない場合はα（α＞W）となる。不都合な情報を隠せるため，利得が増加するわけである。またこのとき「資金提供者」の利得として，「非営利法人」が表示を選択した場合には $\tau-W$，表示しなかった場合は $-\beta$（＜0）を得る。そして，最初のゲームが行われた後，同じゲームが繰り返し行われるものとする。ここで「資金提供者」は，公正価値会計情報を表示しなかった「非営利法人」には今後資金を提供しないものとする。

　さらに，もう一つのルールとして，「資金提供者」の都合により，公正価値会計情報を表示した場合でも確率 σ で，その後「非営利法人」に資金提供されない可能性があるものとする（0＜σ＜1）。また，資金提供を受けなかった「非営利法人」が再び資金提供を受ける確率を π（0≦π≦1）とする。ただしここでは，適正表示しなかったために資金提供を受けられなかった場合は πC，「資金提供者」の都合で資金提供が無かった場合を πh とする。

　そして，以上の前提に基づくゲームにおいては，「資金提供者」が以下の3つの戦略をとることによって「部分ゲーム完全均衡」が成立する（42頁）。

・「資金提供者」が資金提供を実行し，「非営利法人」が公正価値会計情報を表示した場合，次の期間も資金提供を受けることができる。

・「非営利法人」が情報を正しく表示しなかった場合，「資金提供者」は二度と資金提供をしない。

・「資金提供者」は，過去に自身のみならず「他の資金提供者」すべてに公正価値会計情報を正しく表示した「非営利法人」にのみ資金提供を行う（他者間の懲罰戦略・第5章参照）。

4.2 公正価値会計情報の開示による非営利法人の利得増加のメカニズム

次に，以上のゲーム・ルールのもとで，公正価値会計情報の開示による「非営利法人」の利得が増加するメカニズムについて説明する（より詳しい説明は，第5章・第5節を参照）。

ここで，公正価値会計情報を適正に表示して資金提供を受け続けている「非営利法人」の期待将来利得の割引価値をV^a，現在資金提供を受けていない「非営利法人」の期待将来利得の割引価値をV_i^u（$i = h$, C）とすると，次の式が導出される（42頁）。

$$V^a = W + d\left[(1 - \sigma)V^a + \sigma V_i^u\right] \tag{1}$$

$$V_i^u = \pi i V^a + d(1 - \pi i)V_i^u, \quad i = h, c \tag{2}$$

式において，d（$0 < d < 1$）は将来の所得に対する割引因子であり，上式右辺の第一項は今期の利得，第二項は来期以降の利得を表す。そこで，「非営利法人」が公正価値会計情報を表示するインセンティブを持つ条件は，次の式によって表すことができる（43頁）。

$$V^a \geqq \alpha + dV_c^u \tag{3}$$

そして，式 (1) (2) (3) より，「非営利法人」が，公正価値会計情報を表示しないインセンティブを持たない条件である式 (4) を導くことができる（42-45頁，詳しい説明は第5章・第5節参照）。

$$W \geqq \alpha\left[1 - d(1 - \pi h)(1 - \sigma)\right]\frac{1 - d(1 - \pi C)}{1 - d(1 - \pi h)} \tag{4}$$

式 (4) をみると，αと3つの小カッコの中がいずれも正であるため，WはπCおよびπhの値に依存している。ここでπCの値が低いときは，損失非表示を行ったことによる再提供率が低いことを示す。そして，πCの値が低い場合には，「非営利法人」が将来に得られたはずの利得を失う確率（$1 - \pi C$）が高くなり，この場合に「非営利法人」の利得Wが小さくなる（45頁）。したがって，「非営利法人」が公正価値会計情報を適正に表示すれば利得が増加することが，本モデルから導出される式よって明らかになる[4]。

また，「資金提供者」について見れば，このゲームでは「他者間の懲罰戦略」が前提となるため，他の「資金提供者」すべてに公正価値会計情報が正しく表

示された場合，「部分ゲーム完全均衡」が成立する。他のメンバーが当該戦略に
参加している均衡経路において，過去に公正価値情報を表示した「非営利法人」
については$\pi h > 0$が成立する。

　ここで，$d(1-\pi h) = x$とし，式（4）を等式としてπhで偏微分すると，式
（5）が導出される。

$$W = f(\pi h) = F(x) = \frac{\alpha[1-(1-\sigma)]x - [1-d(1-\pi C)]}{1-x} \quad (5)$$

この等式に対し，合成関数の偏微分公式および商の微分公式を用いると，$\frac{\partial f}{\partial \pi h}$
< 0の関係式が導出される（45頁）。この時，Wはπhの単調減少関数となるた
め，公正価値情報を適正に表示した「非営利法人」に資金提供を実行すれば（す
なわちπhの値が高ければ），Wの値が減少し，「資金提供者」の利得$\tau - W$が大
きくなる。

　以上により，まず「非営利法人」は，公正価値会計情報を適正に表示すれば次
の期間も資金提供を受けて利得が増加する可能性が高まることから，これを表
示するという戦略を選択することになる。そしてこのことが，「資金提供者」の
利得増加にもつながることが明らかとなる。

5．非営利法人会計における公正価値会計情報の有用性の所在

　以上のとおり，「他者間の懲罰戦略」を前提としたゲーム分析により，非営利
法人が公正価値会計情報を計上した場合に，当該法人と資金提供者の双方に
とって，利得が増加する可能性が高まることが示された。ただし第2章で説明
されたように，公正価値会計情報は，「信頼性」（reliability）の欠如が重大な問題
となることがある。本節では，こうした公正価値会計のメリットとデメリット
を踏まえたうえで，非営利法人会計における公正価値会計情報の有用性につき
考察する。

5．1　未実現利益の認識による「信頼性」後退の問題
　第2節で説明された様に，非営利法人への資金提供者は，配当などの獲得を

目指して出資をするのではないため，純利益（公益法人会計では当期正味財産増減額）の多寡は，主たる査定対象とはならない。非営利法人会計の「基本目的」とは，組織が長期にわたってサービスを提供できるだけの「財務的生存力」が維持されているかを査定することにある。そこで資金提供者は，当該維持の状況に重点を置いて会計情報を査定し，出資有無の意思決定を行うことになる。

　そのため，公正価値評価額が貸借対照表に計上されれば，当該収益は未実現であることから，適正な資金提供の意思決定が達成できない恐れがある。資産から負債を差し引いた純資産（正味財産）の価額が増加すれば，基本的には「財務的生存力」がそれだけ強固になると判断ができる。ただし，そこに未実現の公正価値評価差額が含まれると，原価会計との比較において，情報の「信頼性」が低下することが確実であり，財務的生存力の正確な査定に影響が生じることになる[5]。

　そこで，非営利法人会計における金融商品や固定資産の公正価値評価につき，これが，法人の「財務的生存力」の査定，延いては資金提供の意思決定にとって有用となるかを考察する必要がある。

5．2　財務的生存力の査定における公正価値会計情報の有用性

5．2．1　財務的生存力の査定における金融商品の公正価値会計情報の有用性

　まず金融（派生）商品につき，企業会計においては，これを公正価値評価し，当該価額を財務諸表に誘導することで，余剰資金運用活動の成果を反映することができる。これにより資金提供者は，将来に受取ることが可能な配当額を査定することができる。

　しかし非営利法人においては，活動による稼得利益の最大化よりも，提供サービスの社会的効用を最大化することが主たる目的である。利益の最大化について法人は顧慮せず，また資金提供者もそのことを望んでいない。つまり，非営利法人会計に対しては，未実現利益を認識して活動業績を精緻に査定するよりも，サービスを少しでも長期に提供できる財務力，即ち「財務的生存力」を査定することが重視される。このことから，企業会計との比較において，金

融（派生）商品の公正価値会計情報については，有用性の度合が低いと判断される。

　ただし，余剰資金運用活動で金融（派生）商品を購入した非営利法人において，期末に損失が見込まれる場合には，「財務的生存力」の減衰に繋がる可能性が高まる。とくに，リーマン・ショックの時に見られたように，デリバティブなどの取引においては，巨額の損失が生じる恐れがある。非営利法人でも，こうした事態の発生は十分に想定できることから，非営利法人会計における公正価値評価に対し，一定の有用性を是認すべきといえる。

　そして，上記の「比較制度分析」で示されたとおり，非営利法人が公正価値会計情報を適正に表示することで，次の期間も資金提供者から資金提供を受けて利得が増加する可能性が高まる。同時に，資金提供者の利得増加に繋げることもできる。したがって，非営利法人会計においては，「財務的生存力」の査定のために，金融（派生）商品の公正価値会計情報を表示することは有用であると考えることができる。

5．2．2　財務的生存力の査定における減損会計情報の有用性

　次に，固定資産の公正価値評価につき，企業会計においては，将来キャッシュ・フローの割引現在価額が帳簿価額と大きく乖離している場合，当該差額が減額される。これにより，当該資産の将来におけるキャッシュ獲得能力を把握することが可能となる。そのため，測定される減損損失の価額は，資金提供者の投資意思決定にとって有用な情報となり得る。

　これに対し非営利法人会計では，減損処理の対象となるような巨大資産が存在しにくい。なぜなら，生産設備の利用による製品の製造（とくに大量生産）が主たる活動とならないからである。また非営利法人は，企業のように将来キャッシュ・フローの獲得のために固定資産を使用するのではなく，社会の公益に資するサービスを提供するためにこれを用いる。そのため，固定資産の将来キャッシュ・フローを算定して減損処理を行う意義が，企業会計と比べて希薄であると考えられる。

　ただし，非営利法人会計の貸借対照表には，企業会計の資本金および資本剰

余金に相当する表示項目が存在しないため，名目資本を維持する能力が企業と
比べて脆弱である。社会福祉法人会計および学校法人会計には基本金が設定さ
れるが，その取崩しは企業会計の資本金ほど厳格ではない。まして，公益法人
会計／貸借対照表の正味財産の部に至っては，指定の解除に従って，その後に
価額が減少していく。そのため，固定資産の評価額が著しく減価しているケー
スでは，減損価額を認識・測定することが，資産維持（資本維持ではない）の状
況，延いては「財務的生存力」の査定にとって有用となる。

5．2．3 小　　括

　以上により，非営利法人会計においては，金融（派生）商品の公正価値評価額
の情報，および固定資産の減損損失額の情報が，資金提供者の意思決定にとっ
て有用性を持つと判断することができる。余剰資金運用活動のため保有する金
融（派生）商品の未実現収益は「財務的生存力」の査定に有用な情報とはなりに
くいが，多額の含み損が生じている場合には，当該査定にとって有用となる。
また，減損損失の情報は，資産維持（資本維持ではない）の査定に有効であり，延
いては「財務的生存力」の査定にも有用になると考えられる。

　そして，以上のような結論と，上記の「比較制度分析」で得られた結論とを照
らし合わせると，両者が整合していることが明らかとなる。「比較制度分析」に
よれば，非営利法人が公正価値会計情報を隠さずに表示した場合には，次の期
間も資金提供を受ける可能性が高まり，同時に資金提供者の利得も高まる。他
方，本節の考察では，金融（派生）商品に巨額の損失が生じた場合や，固定資産
の評価額が著しく減価している場合が問題とされる。そこで，公正価値評価に
よる経済的実質を隠さずに表示すれば，「財務的生存力」に影響が及ぶ可能性を
資金提供者が査定でき，利得を高めることが可能となる。そして，公正価値会
計情報を適正に表示した非営利法人は，次の期間も資金提供を受けて利得が増
加させることができる。

6. お わ り に ──考察の結論──

　以上により，非営利法人会計において，公正価値評価による損益や評価差額を含んだ情報が，資金提供者の意思決定にとって有用性を持つことが考察結論として示された。

　利益獲得の最大化を第一義としない非営利法人においては，社会に対し継続的なサービス提供を行う能力である「財務的生存力」の査定に資する情報を提供することが，資金獲得のための制度的手段となる。ところが，余剰資金運用のために保有する金融（派生）商品や，サービス提供に供される有形固定資産を公正価値で評価すると，未実現損益が認識されてしまう。これにより，情報利用者に対する情報の「信頼性」欠如の問題が顕在化する。

　本章では，こうした問題点を踏まえながら，非営利法人会計の公正価値会計情報に有用性が存在するかにつき，「比較制度分析」を援用して考察された。そして，そこでの結論として，非営利法人が公正価値情報を隠さずに表示した場合に，法人および資金提供者の双方の利得が増加することが説明された。

　即ち，「比較制度分析」で設定されたモデルでは，法人が公正価値会計情報を正しく表示した場合に次の期間も資金提供を受けられること，法人が公正価値会計情報を正しく表示しなかった場合に資金提供者は二度と資金提供をしないこと，資金提供者は過去に自身のみならず他の資金提供者すべてに公正価値会計情報を正しく表示した非営利法人にのみ資金提供を行うことが，モデルの前提条件とされた。こうした条件は，非営利法人にとってみれば，受入れが困難なものではない。公正価値評価が既に制度化されているため，これが測定値に反映された会計情報とは，隠さずに正しく表示された会計情報と見ることができる。そして，非営利法人会計における当該情報の表示は，法人および資金提供者の双方にとって有用であると考えることができるのである。

注

1　またFASB［1980］では，経営者の業績を評価するのに有用な情報提供の基本目的を達成するために，「非営利法人体の純資源の金額及び性質についての変動の期間的測定と，組織体の用役提供努力及び成果についての情報」（FASB［1980］，par.47）が必要であると規定している。さらにそこでは，純資源の金額及び性質についての変動の期間的測定の情報については，「会費または寄付金の流入ならびに賃金及び給料の流出のような純資源を変動させる資源フローと，建物の賃借または購入のような純資源を変動させない資源フローとを区別しなければならない。（中略）拘束されている資源の流入及び流出を識別しなければならない。」（*ibid*, par.48）としている。

2　「使用価値」とは，資産又は資産グループの継続的使用と使用後の処分によって生ずると見込まれる将来キャッシュ・フローの現在価値をもって算定する（「公益法人会計基準に関する実務指針」Q46）。

3　「公益法人会計基準に関する実務指針」Q42-48において，公益法人会計における減損会計の方法・手順が詳細に説明されている。

4　またπhは，正直に損失を表示した場合の再契約率であり，式（6）から，πhの値が高いほどWの値が小さくなる。「非営利法人」が損失を表示した場合に「資金提供者」が資金提供を実行する率を高めると，Wの値が小さくなり，「資金提供者」の利得（τ－W）が大きくなる。

5　また公益法人会計では，資産の部において「基本財産」および「特定資産」が表示される。これにより，正味財産の部における指定正味財産の脆弱性を部分的にカバーすることができ，名目資本維持の達成に寄与することが可能となる。

第10章　研 究 の 結 論

　以上のように，本研究は，原価会計から公正価値会計へと制度の基軸が移行した要因，および原価会計との比較における公正価値会計の情報の有用性（優位性）につき，経済学の分析ツールである「比較制度分析」(comparative institutional analysis) を援用して明らかにすることを目的とした。

　全体の流れとして，まず第2章で公正価値会計制度の問題点を顕現化し，これを斟酌・勘案しつつ第3章で，原価会計制度に対する公正価値会計制度の優位性有無を検証するための「目標仮説」が措定された。しかる後，「比較制度分析」を援用した，「目標仮説」に対する「規範演繹的研究」を行い，公正価値会計制度の優位性の検証と結論導出が行われた。第5章では「ゲーム理論」，第6章では「資金提供前の情報の非対称性」の存在を前提とする「契約理論」，第7章では「資金提供後の情報の非対称性」の存在を前提とする「契約理論」を分析ツールとした。またこれに先立ち，第4章では，「比較制度分析」の先行研究を援用しながら，原価会計から公正価値会計へと制度が変化した要因が，経済学的に分析され特定された。

　さらに，第8章において，公正価値会計制度の特殊的規定とされる「ヘッジ会計」のもとで測定・表示される情報につき，原価会計に対する優位性の有無が，「比較制度分析」によって検証された。また第9章では，非営利法人会計において，公正価値会計制度が原価会計制度と比べて有用となるかについて，同じく「比較制度分析」を援用して考察が行われた。

第2章の考察結論

　第2章では，公正価値会計制度に内在する問題点につき，社会科学的研究手法である「目的論的関連」の観点に拠って顕現化された。ここで明らかにされた問題点は，以下の2点であった。

① 　公正価値会計制度では，「信頼性」概念が除外される。これにより，客観性に問題のある測定値のチェック機能が脆弱化する恐れがある。

② 　利益計算の基礎となる資本概念が2つ存在し，そこから演繹される異質の利益が計算書に並立表示される。

第3章の考察結論

　第3章は，第2章で示された2つの問題点のうち，特に重要と考えられる「信頼性」の欠如の点に着目した。

　わが国においては，欧米をはじめとする諸外国よりも永らく，収益費用アプローチが拠り所とされ，資産負債アプローチの導入には消極的であった経緯がある。しかし今日では，デリバティブ取引の測定において，ヒエラルキーのレベルが低いパラメタをインプットとして，公正価値評価額が計上されている。これにより，測定値の「信頼性」に相当の欠如が生じている。

　こうした，制度に内在する問題点を考察する為の社会科学的研究方法として，「当為」（いかにあるべきか）とその根拠の正当性を示すために「目標仮説」を設定し，これをもとに「規範演繹的研究」を行う方法がある。問題点に対する「当為」とその論拠は，「規範」の要素となり得る。他方で「目標仮説」には，「当為」とその論拠とが含意されていることから，「規範」と「目標仮説」とは同質のものと捉えられる。そのため，「規範演繹的研究」の結論の如何により，「目標仮説」の正当性を判断することができる。

　このことを前提に，わが国の会計制度が原価会計から公正価値会計へと変化

した事実を鑑みれば，金融（派生）商品に対する公正価値評価が，ここでの「当為」である。その論拠は，経済的実質としての資産の評価額の表示により，原価会計情報との比較において，投資意思決定に有用な情報が得られることである。そこで，これらの正当性を検証するために，本研究の「目標仮説」として，「特定の社会的要因の存在により，企業への資金提供者にとっては，原価会計よりも公正価値会計の方が，意思決定に有用な情報を獲得することができる。」が設定された。

　こうして，具体的な「目標仮説」が設定されたので，第5章から第7章において，「規範演繹的研究」のプロセスを踏まえながら，その妥当性を検証することとした。

第4章の考察結論

　第4章では，「比較制度分析」の先行研究を援用しつつ，わが国の企業会計制度が原価会計から公正価値会計へと変化した要因の分析が行われた。

　従前より，原価会計に対する「慣性」と「近視眼」が存在すると考えられるわが国の経済社会において，公正価値会計を選好するプレイヤーの数が拡大されていったことで，当該「制度」へ移行したと推察された。また，人口の大きい社会，具体的にはアメリカやEU諸国との経済交流を受けて，わが国の共通認識が新たに形成され，公正価値会計へと「制度」が変化したと結論付けられた。

第5章の考察結論

　第5章は，第3章からの流れを受け，目標仮説である「企業への資金提供者にとっては，原価会計よりも公正価値会計の方が，意思決定に有用な情報を獲得することができる。」につき，その妥当性が「ゲーム理論」によって検証された。

　ゲーム分析では，まず，「企業」および「投資家」のいずれの立場においても，公正価値評価額の計上による黒字表示を求める傾向にあることが示された。ま

た，利益操作のペナルティが大きい場合に「業績低迷時・黒字表示」を選択すると，「投資家」からの出資が引き出せない可能性があることも明らかになった。ただし，公正価値評価が制度化されていれば，半ば合法的に黒字化することが可能であるために，「投資家」にとっては危険度が増すことが示された。

　また，プレイヤーを「企業」および「銀行」とし，「銀行」は，黒字表示の場合に利得を多くできる一方で，赤字であれば融資を断念することを想定した時，公正価値評価により黒字表示が達成されれば，融資実行による利得増加の可能性が高まるものの，危険度も増すことが明らかとなった。

　そこで以上の考察からは，目標仮説である「企業への資金提供者にとっては，原価会計よりも公正価値会計の方が，意思決定に有用な情報を獲得することができる。」につき，公正価値会計制度における含み益（未実現利益）の計上によっては，原価会計に対する相対的有用性が必ずしも得られないと結論付けられた。

　次に，以上とは逆のケースとして，金融（派生）商品の購入による評価損，および事業用資産の減損損失の計上を想定したゲーム分析が行われた。そこでの均衡点分析の結果，「他者間の懲罰戦略」の作用により，「企業」が公正価値会計情報である未実現損失を隠さずに表示すれば，「企業」および「投資家」双方の利得が増加することが確認された。この分析からは，目標仮説「企業への資金提供者にとっては，原価会計よりも公正価値会計の方が，意思決定に有用な情報を獲得することができる。」につき，妥当であると結論付けた。

第6章の考察結論

　第6章の考察では，「契約理論」を援用し，資金提供者と企業との間に情報の「事前の非対称性」が存在するときに，資金提供者の利得が減少するメカニズムが説明された。さらに，「ゲーム理論」を援用した分析により，企業においては，公正価値会計情報を開示して私的情報を減らすインセンティブが存在することが示された。

この様な考察から, 投下資本の価値および資金運用の成果を測定・表示する公正価値会計は, 特に含み損が明らかになるため, 情報の「事前の非対称性」の度合を減衰させるのに有用であると考えた。

したがって, 本研究の目標仮説である「特定の社会的要因の存在により, 企業への資金提供者にとっては, 原価会計よりも公正価値会計の方が, 意思決定に有用な情報を獲得することができる。」につき, 妥当であると結論付けた。

第7章の考察結論

第7章の考察では, まず, 事後の「情報の非対称性」の存在による資金提供者の利得減少メカニズムが, 経済学の分析ツールである「契約理論」を用いて明らかにされた。そして, 事後の「情報の非対称性」が原因となって生じる「モラル・ハザード」のガバナンスには, 資金提供者が受取る「フランチャイズ・バリュー」の査定による事後モニタリングが有効であり, 当該査定には, 減損会計情報の利用が有用であることが説明された。

企業が一生懸命に働いているかにつき, 資金提供者がこれを観察するのは困難であることから, 「事後モニタリング」における「フランチャイズ・バリュー」の査定は, 採り得る有効な手段の一つとなる。「フランチャイズ・バリュー」は, 企業の将来獲得キャッシュ・フローを原資とするため, 保有する事業用資産の将来キャッシュ・インフローを割引いて計算される減損会計情報を利用することができるのである。

したがって, 第7章の考察より, 本研究の目標仮説である「特定の社会的要因の存在により, 企業への資金提供者にとっては, 原価会計よりも公正価値会計の方が, 意思決定に有用な情報を獲得することができる。」に対し, 妥当であると結論付けた。

第8章の考察結論

　第8章では，わが国のヘッジ会計制度に内在する問題点と，あるべき規定につき，「比較制度分析」を用いた規範演繹的考察が行われた。

　ヘッジ会計制度において，ASBJの規定では「繰延ヘッジ」が原則的に適用されるが，そこでは，「リスクからの解放」が期末に達成された取引において利益が繰延べられてしまう。これにより，金融（派生）商品の損益計上が行われず，余剰資金運用活動の業績が適正に査定できないことが問題となる。

　そこで，「比較制度分析」を援用した考察により，ASBJが公正価値ヘッジ会計を制度化しない要因がまず分析された。そして，ヘッジ手段の損益認識を是認する欧米諸国の影響を受けない，わが国独自の社会状況が影響していたと判断した。即ち，リスク・ヘッジ自体がわが国に浸透しておらず，さらには公正価値会計の導入に元来積極的でなかったことも起因し，公正価値ヘッジへと制度が移行しなかったと推察したわけである。

　しかしながら，ヘッジ手段の評価損失額が計上されないならば，資金提供者にとって，事前の「情報の非対称性」が顕在化する恐れがある。本章の「契約理論」を援用した考察によれば，こうした事態を緩和化するためには，ヘッジ手段の損益認識を認める「公正価値ヘッジ」の方が，「繰延ヘッジ」よりも一層有用であると結論付けられた。

第9章の考察結論

　第9章では，「非営利法人会計」において，公正価値評価による損益や評価差額を含んだ情報が，資金提供者，即ち寄附金・補助金提供者の意思決定にとって有用性を持つことができるかが考察された。

　利益獲得を優先しない非営利法人においては，社会に対し継続的なサービス提供を行う能力である「財務的生存力」の査定に資する情報の提供が，会計の

基本目的である。ところが，金融（派生）商品や固定資産を公正価値で評価することで，未実現損益が認識されるため，情報の「信頼性」欠如の問題が顕在化することになる。そこで，非営利法人会計のこうした問題に対し，「比較制度分析」を援用して公正価値会計情報の有用性が考察された。

そこでのモデル分析によれば，非営利法人が公正価値会計情報，特に含み損の情報を隠さずに表示した場合に，法人および資金提供者の双方の利得が増加することが明らかとなった。このモデルの前提条件は，①非営利法人が公正価値会計情報を正しく表示した場合に次の期間も資金提供を受けられること，②非営利法人が公正価値会計情報を正しく表示しなかった場合に資金提供者は二度と資金提供をしないこと，③資金提供者は過去に自身のみならず他の資金提供者すべてに公正価値会計情報を正しく表示した非営利法人にのみ資金提供を行うことである。

以上の条件は，既に公正価値評価が制度化された非営利法人会計にとって，達成が不可能なものではない。そこで，非営利法人会計における公正価値情報の表示は，法人および資金提供者の双方にとって，有用であると結論付けられた。

本 研 究 の 結 論

以上のとおり，本研究で設定された「目標仮説」に対して行った規範演繹的研究の結果，次の結論を提示する。

> その知識を十分に持つ社会構成員が増加したこと、および欧米諸国との経済交流が活発になったことに起因して制度化された公正価値会計につき、資金提供者にとっては、情報の非対称性を緩和できることから、原価会計よりも、意思決定に有用な情報を得る可能性が高まる。

参 考 文 献

青木昌彦・奥野正寛編 [1996]『経済システムの比較制度分析』東京大学出版会。

石川純治 [2000]『時価評価の基本問題』中央経済社。

──── [2008]『変貌する現代会計』日本評論社。

石村貞夫・石村園子 [2008]『金融・証券のためのブラック・ショールズ微分方程式』東京図書。

岩崎勇 [2010]「IFRS導入と公正価値会計の浸透」『国際会計研究学会臨時増刊号2010年度』。

────編 [2019]『IASBの概念フレームワーク』税務経理協会。

大塚久雄 [1966]『社会科学の方法』岩波新書。

川村義則 [2014]「アメリカにおける展開」北村敬子編『財務報告における公正価値測定』中央経済社。

古賀智敏 [1999]『デリバティブ会計　第2版』森山書店。

企業会計基準委員会（ASBJ）[2006]「討議資料『財務会計の概念フレームワーク』」企業会計基準委員会。

──── [2008]「公開草案『財務報告の概念フレームワーク改訂案 第1章財務報告の目的及び第2章意思決定に有用な財務報告情報の質的特性及び制約条件』に対するコメント」企業会計基準委員会。

──── [2008] 企業会計基準第10号「金融商品に関する会計基準」企業会計基準委員会。

──── [2009]「公正価値測定及びその開示に関する論点の整理」企業会計基準委員会。

小林啓孝 [2003]『デリバティブとリアル・オプション』中央経済社。

田口聡志 [2007]「予定取引に係るキャッシュ・フロー・ヘッジ会計の論

理―繰延ヘッジ損益の位置付けを巡って―」『同志社商学』第59巻第3・4号。

谷川寧彦［2005］「ボラティリティ・スマイルとスプレッド」『早稲田商学』第 406号。

田村威文［2013］『ゲーム理論で考える企業会計―会計操作・会計規制・会計制度―』中央経済社。

角ヶ谷典幸［2013］「歴史的原価会計と公正価値会計のフレームワーク―簿記・情報システムとの関連―」『日本簿記学会年報』第28号。

徳賀芳弘［2008］「『信頼性』から『忠実な表現』へ変化の意味」友杉芳正・田中弘・佐藤倫正編『財務情報の信頼性会計と監査の挑戦』税務経理協会。

―――［2012a］「規範的会計研究の方法と貢献」日本会計研究学会第71回全国大会統一論題報告資料。

―――［2012b］「会計基準における混合会計モデルの検討」日本銀行金融研究所『金融研究』2012年第7号。

中林真幸・石黒真吾編［2010］『比較制度分析・入門』有斐閣。

藤井秀樹［2007］『制度変化の会計学―会計基準のコンバージェンスを見すえて―』中央経済社。

―――［2010］「非営利法人における会計基準統一化の可能性」『非営利法人研究学会誌』VOL.12。

―――［2011］「FASB/IASB改訂概念フレームワークと資産負債アプローチ」『国民経済雑誌』第204巻第1号。

―――［2016］「会計理論とは何か―アメリカにおけるその役割と進化―」『商学論究』第63巻第3号。

―――［2017］『入門財務会計　第2版』中央経済社。

吉田康英［2013］『金融商品会計論』税務経理協会。

米山正樹［2003］『減損会計―配分と評価―　増補版』森山書店。

若林茂信［2002］「アメリカにおける非営利組織体の会計」杉山学, 鈴木豊編『非営利組織体の会計』中央経済社。

FASB［1980］SFACNo.2, *Qualitative Characteristics of Accounting*

Information, FASB.

──────── [1984] SFACNo.5, *Recognition and Measurement in Financial Statements of Business Enterprises*, FASB.

──────── [1991] SFAS No.107, *Disclosures about Fair Value of Financial Instruments*, FASB.

──────── [2000] SFAC No.7, Using Cash Flow Information and Present Value in Accounting Measurement, FASB.

──────── [2006] SFAS No.157, *Fair Value Measurements*, FASB.

FASB/ IASB [2007] *Comment Letter Summary*, IASB Agenda paper 3A, FASB MEMO#49.

──────── [2010] FASB, SFACNo.8, *Conceptual Framework for Financial Reporting: Chapter 1, The Objective of General Purpose Financial Reporting, and Chapter 3, Qualitative Characteristics of Useful Financial Information*, SFAC No.8; IASB, *The Conceptual Framework for Financial Reporting* 2010.

IASB [2011] IFRSNo.13, *Fair Value Measurements*, IASB.

──────── [2018] *Conceptual Framework for Financial Reporting*, IASB.

IASC [1997] Accounting for Financial assets and Financial Liabilities, A Discussion Paper Issued for Comment by the Steering Committee on Financial Instruments, IASC.

J.Hull [1991] *Introduction to Futures and Options Markets*, Prentice Hall, 三菱銀行商品開発部訳 [1995]『デリバティブ入門』きんざい。

J.Hull & A.White [1988] "The Use of the Control Variate Technique in Option Pricing", *Journal of Financial and Quantitative Analysis*, Vol 23.

L.t.Johnson [2005] "Relevance and Liability", *The FASB Report*, February 28, 2005.

Macbeth, J & L.j.Merville [1979] "An empirical examination of the Black-Scholes call option pricing model", *Journal of Finance*, Vol.34, No.5.

索　引

あ　行

伊藤過程 ……………………… *45, 110*
因果関連 ………………………… *4, 5, 15*

エージェント ………… *120, 126, 128, 135*

オプション …………………………… *111*
オプション取引 …………………………… *34*

か　行

頑健性 ……………………………………… *9*
慣性 ……………………………………… *63*
間接的検証 ……………………………… *40*

規範演繹的研究 ……………… *7, 33, 173*
キャッシュ・フロー・ヘッジ ……… *141*
近視眼 …………………………………… *63*
金融商品会計 ………………… *109, 111*

繰延ヘッジ ……… *140, 142, 148, 150, 172*

ゲーム理論 ……………… *76, 78, 80, 92, 169*
契約理論 ………………… *120, 147, 170*
原価会計 ………… *3, 43, 144, 170, 173*
現在の市場収益率を獲得する能力
……………………………… *19, 23, 27*
検証可能性 ………………………… *39, 40*
減損会計情報 ………………… *130, 163*

コール・オプション … *34, 46, 50, 54, 110*
公正価値会計 …………… *43, 67, 144, 173*

公正価値会計情報 … *94, 96, 106, 128, 160*
公正価値会計制度 ……………… *13, 25, 158*
公正価値ヒエラルキー ………… *36, 109*
公正価値ヘッジ ………… *140, 146, 172*
公正価値評価 …………… *1, 92, 109, 155*

さ　行

財務的生存力 ………… *155, 157, 162, 172*

資金提供者 ………………………… *93, 96*
自己拘束性 ………………………… *8, 79*
資産負債アプローチ ……………… *41, 42*
事後モニタリング ………… *126, 127, 171*
事前モニタリング …… *115, 117, 127, 148*
実現可能性 ……………………… *16, 23, 28*
社会的必要性 …………………… *6, 15, 22*
純利益 ……………………………… *2, 26*
情報の「事後の非対称性」
……………………… *120, 125, 126, 130*
情報の「事前の非対称性」
……………………… *100, 103, 148, 170*
進化ゲーム ………………………… *62*
新古典派経済学 …………………… *60*
信頼性
……… *25, 38, 48, 50, 51, 53, 130, 161, 168*

制度 ………………… *8, 60, 61, 67, 76*
制度変化 ……………… *67, 68, 69, 71*
戦略的行動 ………………………… *66*
戦略的補完性 ……………… *8, 64, 77*

た 行

中間モニタリング ……………………… *127*
忠実な表現 ………………… *14, 25, 39, 41*
忠実性な表現 …………………………… *40*
直接的検証 ……………………………… *40*

デリバティブ ………… *35, 86, 109, 142*

当為 ………………………………… *7, 32*
動機の意味理解 ………………………… *5, 15*
投資のリスクからの解放 ……… *20, 23, 29*

な 行

ナッシュ均衡 ………………… *66, 69, 79*

二項モデル ………………… *53, 55, 57*

は 行

非営利法人会計 ………………… *154, 172*

比較制度分析
……………… *7, 60, 63, 65, 76, 143, 158, 169*

プット・オプション ……………… *46, 54*

ブラック・ショールズ・モデル
……………………………… *45, 51, 110*
フランチャイズ・バリュー
………………… *127, 128, 131, 171*
プリンシパル ………… *120, 125, 128, 135*

ベイズの定理 ……………………………… *90*
ヘッジ会計 ………………………………… *141*
ヘッジ会計制度 ……………………………… *172*

包括利益 ………………………… *2, 3, 26*
ボラティリティ・スマイル …………… *48*

ま 行

目的適合性 ……………………………… *40*
目的論的関連 ………………… *4, 5, 15, 168*
目標仮説 ………… *6, 32, 43, 97, 168, 173*
モラル・ハザード ……………………… *135*

ら 行

利益操作 …………………………… *80, 83, 87*
リスクからの解放 ……………………… *142*

歴史的経路依存性 ………………………… *79*
レント ……………………… *105, 116, 126*

〈初出一覧〉

第1章　書き下ろし。

第2章　「公正価値会計制度に内在する理論的問題点の顕現化」『神戸学院大学経営学論集』（第15巻第2号，2019年3月，29-42頁）を加筆修正した。

第3章・同補論　「金融商品の公正価値評価における信頼性の問題考察—レベル3公正価値情報の信頼性の検証—」『会計理論学会年報』（No.30，2016年9月，72-81頁）をベースに，「公正価値会計の『信頼性』欠如の問題考察」『神戸学院大学経営学論集』（第16巻第1号，2019年9月，89-100頁）を併せ，それに加筆修正した。

第4章　「原価会計から時価会計への制度変化の比較制度分析」『産業経理』（Vol.78 No.1，2018年4月，66-78頁）を二分したうえで，前半部を加筆修正した。

第5章　「金融商品会計の制度変化の比較制度分析」『會計』（第192巻第3号，2017年9月，29-41頁）と「ゲーム理論による公正価値会計への制度変化の分析」『神戸学院大学経営学論集』（第14巻第2号，2018年3月，14-30頁）を併せたうえで，それに加筆修正した。

第6章・同補論　「原価会計から時価会計への制度変化の比較制度分析」『産業経理』（Vol.78 No.1，2018年4月，66-78頁）を二分したうえで，後半部を加筆修正した。

第7章・同補論　「契約理論による公正価値会計情報の有用性の考察」『會計』（第194巻第2号，2018年8月，16-29頁）と「企業モニタリングにおける減損会計情報の有用性」『神戸学院大学経営学論集』（第15巻第1号，2018年9月，40-45頁，49-53頁）を併せたうえで，それに加筆修正した。

第8章　「公正価値ヘッジ会計の有用性の経済学的考察」『會計』（第196巻第1号，2019年7月，15-28頁）を加筆修正した。

第9章　書き下ろし。

第10章　書き下ろし。

〈著者紹介〉

宮本 幸平（みやもと こうへい）

1963 年　神戸市生まれ。
京都大学大学院経済学研究科博士課程修了。
京都大学博士（経済学）。
現在　　神戸学院大学経営学部 教授。

京都大学公共政策大学院 非常勤講師。
京都大学経済学部 非常勤講師。
京都府公益認定等審議会 審議委員。
川西市上下水道事業経営審議会 審議委員。
丹波市入札監視委員会 審議委員。
会計理論学会 理事。
非営利法人研究学会 理事。

著書等

『企業不正支出とコーポレートガバナンス』中央経済社，2002 年。
『社会生活と会計』名英図書出版協会，2002 年。
『会計学』名英図書出版協会，2002 年。
『自治体の財務報告と行政評価』中央経済社，2004 年。
『公会計複式簿記の計算構造』中央経済社，2007 年。
『非営利組織会計テキスト』創成社，2012 年。
『政策評価における公会計の機能』税務経理協会，2013 年。
「企業会計との統一化を指向した政府会計の表示の妥当性考察」『公会計研究』
第 15 巻第 2 号，2014 年（平成 26 年度 国際公会計学会 学会賞受賞）。
『非営利組織会計基準の統一 —会計基準統一化へのアプローチ—』森山書店，
2015 年（平成 27 年度 会計理論学会 学会賞受賞）。
『非営利・政府会計テキスト』創成社，2017 年。

こうせい か ち かいけいじょうほう　　ゆう よう せい
公正価値会計情報の有用性

2020 年 3 月 16 日　初版第 1 刷発行

著　者　Ⓒ 宮　本　幸　平
みや　もと　　こう　へい

発行者　　　菅　田　直　文

発行所　有限会社　森山書店　東京都千代田区神田司町
　　　　　　　　　　　　　　2-17 上田司町ビル（〒101-0048）
　　　TEL 03-3293-7061 FAX 03-3293-7063　振替口座 00180-9-32919

落丁・乱丁本は交換致します　　　　印刷／製本・ライトラボ，シナノ書籍印刷

ISBN 978-4-8394-2179-3